**V&R**

Arne Ulbricht

# Lesen ist cool!

Vom Vorlesen zum Selbstlesen

Vandenhoeck & Ruprecht

Bibliografische Information der Deutschen Nationalbibliothek

Die Deutsche Nationalbibliothek verzeichnet diese Publikation in der Deutschen Nationalbibliografie; detaillierte bibliografische Daten sind im Internet über http://dnb.d-nb.de abrufbar.

ISBN 978-3-525-70178-2

Weitere Ausgaben und Online-Angebote sind erhältlich unter: www.v-r.de

Umschlagabbildung: © Jenko Ataman – Fotolia

© 2016, Vandenhoeck & Ruprecht GmbH & Co. KG,
Theaterstraße 13, D-37073 Göttingen /
Vandenhoeck & Ruprecht LLC, Bristol, CT, U.S.A.
www.v-r.de
Satz: SchwabScantechnik, Göttingen
Druck und Bindung: ⊕ Hubert & Co GmbH & Co. KG,
Robert-Bosch-Breite 6, D-37079 Göttingen

Gedruckt auf alterungsbeständigem Papier.

# Inhalt

*Für*
*Lasse und Lotta*

Damit das Buch spannender, interessanter und lebendiger wird, habe ich fünf Buchhändlerinnen und zwei Buchhändler, eine Kinderbuchautorin[1] und fünf Kinderbuchautoren sowie zwei Expertinnen und einen Experten um Rat gefragt.

Danke an …

… Martin Baltscheit, Meike Dannenberg, Erhard Dietl, Christine Kranz, Ursula Lange, Andreas Mahr, Daniel Napp, Alice Pantermüller, Kathrin von Papp-Riethmüller, Martina Riegert & Martin Vögele, Heinrich Riethmüller, Oliver Scherz, Birgit Sieben-Weuthen, Andreas Steinhöfel und Ingrid Voigt!

---

[1] Weitere Kinderbuchautorinnen haben abgesagt. Natürlich habe ich nicht nur eine Autorin um ihre Meinung gebeten.

# Prolog

Hamburg, 2001

Ein nasskalter Februarmorgen. Im Dunkeln schwinge ich mich in Hamburg-Lokstedt auf das Fahrrad und radele los. Mein Ziel: Altona, die Wohnung von Hannelore[2]. Hannelore ist 51 Jahre alt und schwer an Multipler Sklerose erkrankt. Meine Aufgabe: Ich soll nach einer einwöchigen Einarbeitung in die ambulante Krankenpflege den Morgendienst zum ersten Mal allein übernehmen, und das heißt: Wenn alles gut läuft, muss ich ihr die etwas feuchte Windel wechseln, ihr das Nachthemd ausziehen, sie anziehen, sie vom Bett in den Rollstuhl hieven, ihr Essen zubereiten und ihr beim Essen helfen, während sie fernsieht.

Es läuft aber nicht alles gut. Erstens regne ich vollkommen ein und komme klatschnass und frierend in Altona an. Zweitens weht mir, kaum habe ich die Wohnungstür aufgeschlossen, ein geradezu apokalyptischer Gestank in die Nase. Mir wird schwindelig, bevor ich meine Patientin wenigstens begrüßen kann. Ich ziehe meine Jacke aus, wanke zu ihrem Bett, werde mit einem Lächeln begrüßt – Hannelore riecht nichts mehr – und mache mich an die Arbeit. Zunächst lasse ich in eine Schüssel lauwarmes Wasser einlaufen, ziehe mir Handschuhe über und nachdem ich auch zwei saubere Waschlappen, ein Handtuch und Seife gefunden habe, lege ich los. Ich versuche Hannelore das Nachthemd auszuziehen, das jedoch am Rücken »festklebt«. Erst in diesem Moment wird mir das ganze Ausmaß der Katastrophe bewusst. Ich schließe einen Augenblick die Augen, halte die Luft an und vermeide es auf diese Weise einatmen

---

2  Name geändert.

zu müssen. Hätte ich es getan, hätte ich mich vermutlich an Ort und Stelle übergeben müssen. Die Windel hat den »Stuhl« leider nicht vollständig aufgesogen, so dass sich ein Teil des Stuhls, also der – Verzeihung – Scheiße auf dem Rücken verteilt hat. Ich brauche lange, um Hannelore zu reinigen. Anschließend wringe ich die Lappen aus, werfe das Nachthemd und die Waschlappen in einen Wäschesack, entsorge sowohl das ehemals klare, nun aber braune Wasser als auch meine Handschuhe und ziehe Hannelore anschließend mit nun frischen Handschuhen eine neue Windel an. Geschafft! Hannelore ist zufrieden und ich bin sogar ein bisschen stolz.

Der Fernseher läuft bei Hannelore immer. Sie kann die Beine gar nicht mehr und die Arme kaum noch bewegen. Wenn sie redet, versteht man sie nicht. Aber sie versteht alles und lacht derart schallend, dass man gar nicht anders kann, als mitzulachen. Manchmal ist sie bockig wie ein pubertierendes Mädchen. Und wenn man sie in einer solchen Situation ausschimpft, wird sie ganz still. Sie hat früher viel gelesen. Vor allem hat sie anspruchsvolle Bücher gelesen: Böll, Hesse, Brecht und Grass stehen in ihrem Bücherregal. Sie muss eine intellektuelle Frau gewesen sein, bevor sie knapp zehn Jahre vor meinem ersten Einsatz an Multipler Sklerose erkrankte. Eine Krankheit, die bei leichtem Verlauf hin und wieder für kurzfristige Lähmungen sorgt, was schlimm genug ist. Bei schwerem Verlauf endet ein Patient jedoch wie Hannelore. An den Rollstuhl gefesselt vor dem Fernseher. Es laufen Soaps, dämliche Shows, Frühstücksfernsehen. Der Abenddienst macht lediglich den Ton aus. Mehr nicht. All das will Hannelore so. Mich nervt das Programm tierisch. Während Hannelore versucht zu essen, schaue ich mir ihre Bücher noch mal an.

Plötzlich habe ich eine Idee. Ich sage zu Hannelore: »Hannelore, wollen wir den Fernseher nicht einfach mal ausschalten? Ich habe noch ein bisschen Zeit. Ich könnte dir ja vorlesen.«

Hannelore schaut mich an. Ein Mensch, der nicht mehr reden kann. Der auch die Kontrolle über die Gesichtsmuskulatur zum Teil verloren hat, schaut mich an … und strahlt.

Ich mache einige Vorschläge. Welche, weiß ich nicht mehr. Aber daran, dass wir uns für *Der kleine Prinz* entscheiden, erinnere ich mich, als wäre es erst gestern gewesen. Nachdem ich den Tisch abgeräumt und den Fernseher ausgeschaltet habe, setze ich mich und beginne vorzulesen. Hannelore schaut mich die ganze Zeit an.

Ein halbes Jahr habe ich in Hamburg als ambulanter Krankenpfleger gearbeitet, bevor ich an einer Schule in Schleswig-Holstein mit dem Referendariat begonnen habe. Bei Hannelore war ich fast jeden Tag. Manchmal morgens und mittags, manchmal mittags und abends, während der Wochenendschichten zum Teil dreimal täglich. Oft kam ihre Mutter, eine damals fünfundsiebzigjährige Frau, dazu. Mindestens einmal am Tag habe ich Hannelore vorgelesen. Später – ich war inzwischen glückloser Referendar – lud sie mich zu ihrem Geburtstag ein. Ich sollte an ihrem Geburtstag vorlesen. Neben den Besuchen ihrer Mutter gehörte das Vorlesen offensichtlich zu den Höhepunkten ihres Lebens.

Ich bin übrigens keineswegs esoterisch veranlagt. Aber ich glaube auch heute noch, dass ihr das Vorlesen Kraft gegeben hat. Einerseits, weil sich jemand, der ihr eigentlich nur die Windeln wechseln und das Essen zubereiten sollte, diese Zeit genommen hat. Andererseits weil sie ihrer Alltagstristesse für einen Augenblick entfliehen durfte, um mit dem kleinen Prinzen auf ferne Planeten zu reisen. Hannelore ist der erste Mensch gewesen, dem ich regelmäßig vorgelesen habe.


Wuppertal, zehn Jahre später

»Papa!«, dröhnt es aus dem Nachbarzimmer.

5:43 Uhr. Vielleicht schläft Lotta, seit vier Jahren meine Tochter, ja einfach weiter. »Papa … PAPA … ich habe eingepullert!«

Na klasse. Meine Frau schläft so tief wie Lasse (7) und wundert sich eine Stunde später darüber, dass Lotta, die zu ihr ins Bett gekrochen ist, einen neuen Schlafanzug anhat. Während ich Kaffee koche, kommt Lasse in die Küche gewankt. Seine Augen brennen, und seine Nase ist verstopft. Er putzt sie … sieht Blut … und beginnt zu heulen. Na wunderbar. Er beruhigt sich erst, als er anfängt zu essen. Dann kommt Lotta reingewankt. Kaum sitzt auch sie, schüttet sie sich selbst Müsli ein. Die Schüssel läuft fast über. Trotzdem möchte sie sich auch selbst Milch einschenken. Das klappt gar nicht, was nicht weiter schlimm ist, denn sie hat sowieso keinen Hunger mehr auf Müsli, und dass die Milch nun alle ist, ist ihr egal. Dann kommt meine Frau in die Küche gewankt. Warum ich am Tag zuvor keine frische Milch gekauft habe, möchte sie wissen. Nach dem Frühstück bringe ich die Kinder in den Kindergarten beziehungsweise in die Schule und als ich zurückkomme, ist es geradezu gespenstisch still, weil auch meine Frau inzwischen zur Arbeit gefahren ist. Herrlich.

Aber das Chaos macht nur eine Pause. Als ich Lotta abhole … schläft sie erstens noch und hat zweitens, nachdem sie geweckt worden ist, keine Lust mitzukommen, und drittens schon wieder eingepullert und viertens ihr Brot nicht aufgegessen, weshalb sie fünftens beim Bäcker leer ausgeht und daher sechstens einen Wutanfall bekommt. Ich selbst überlege, ob ich sie nicht doch mal kräftig am Arm ziehen soll. Oder … nein, natürlich denke ich nicht daran, ihr eine Ohrfeige zu geben. Inzwischen haben wir gemeinsam meinen Sohn beziehungsweise den großen Bruder abgeholt. Während der Schlacht um den einzigen Fensterplatz in der Schwebebahn tue ich so, als ob die Kinder nicht zu mir gehören. Selbst als sie mich rufen, reagiere ich nicht. Lotta hat Turnen und schimpft, weil ich ihr die falschen Socken eingepackt habe. Anschließend hat Lasse Tae-Kwon-Do und schimpft, weil ich vergessen habe, sein Getränk aufzufüllen.

Nach dem Sport müssen wir noch einkaufen gehen. Die Kinder streiten sich, wer die Ware auf das Band legen darf. Ich schnauze sie an, woraufhin ein älterer Herr einer älteren Dame – beide stehen hinter mir in der Schlange – erklärt, dass so etwas früher nicht passiert wäre, denn früher hätte man Kinder noch richtig erzogen. Abends kommt meine Frau nach Hause. Sie ist erschöpft, setzt sich an den gedeckten Tisch und fragt, wie es sein könne, dass ich schon wieder vergessen habe, Milch einzukaufen.

Eine Stunde später: Die Kinder haben einen Schlafanzug an. Lasse liest der Mutter vor. Ich lese Lotta vor. *Die Steinsuppe.* Zum gefühlt achtzigsten Mal. Aber es bringt immer wieder Spaß. Den Wolf, der die Steinsuppe kochen will, lese ich mit ganz tiefer Stimme und gucke Lotta dabei so an, wie ich glaube, dass ein Wolf gucken könnte. Manchmal erfinde ich auch was. Mache zum Beispiel aus der Henne eine Taube. Lotta merkt es immer und protestiert und sagt: Lies das noch mal, und jetzt richtig! Es ist … einfach schön, wie meine Tochter da neben mir sitzt und mir zuhört und sich manchmal an mich klammert. Haben wir uns wirklich den ganzen Tag gezankt? Eigentlich unmöglich.

Die eigentliche Party beginnt aber erst, als mein Sohn kommt. Er klettert aufs obere Bett und guckt zu mir rüber. Ich sitze inzwischen nicht mehr auf Lottas Bett, sondern auf einem Stuhl. Ich greife zum Buch, das wir momentan lesen. Es ist fast schon ein feierlicher Moment. Mein Sohn strahlt mich an. Und ich strahle zurück. Wir wissen, dass wir uns nun eine halbe Stunde lang nicht streiten werden. Denn ich werde ihm vorlesen. Nichts anderes werde ich tun. Und er wird zuhören und mich lediglich manchmal unterbrechen. Mit einem Ausruf der Begeisterung. Oder mit einer wilden Theorie, wie es weitergehen könnte. Oder mit einer Frage nach einem Wort, das er nicht verstanden hat. Momentan lesen wir Harry Potter. Band V. (Zu Harry Potter später mehr.) Der Text ist spannend. Das Vorlesen selbst bringt Spaß. Und man ist seinem Kind so nah wie in keiner anderen Stunde am Tag. Den einzigen Streit gibt es, wenn ich aufhöre zu lesen. Dann heißt es:

»Bitte, noch zwei Seiten.«

»Nein«, sage ich.

»Dann noch eine Seite!«

»Nein, sage ich, ich habe schon eine halbe Stunde gelesen!«

Und einen trockenen Mund habe ich auch.

»Bitte, bitte, wenigstens noch einen Absatz.«

»Na gut«, sage ich. Und lese noch zwei Seiten.

Anschließend sagt Lasse, dass er sich wünscht, dass ich ihm mal einen ganzen Tag von morgens bis abends vorlese. Und … kommen mir in diesem Moment etwa fast die Tränen? Nein … Blödsinn. Oder doch?

Ich habe mal ausgerechnet, dass ich meinem Sohn in den zurückliegenden Jahren knapp sechs Wochen beziehungsweise über tausend Stunden am Stück vorgelesen habe. (Sieben Jahre lang, mindestens 300 Tage im Jahr, in der Regel eine halbe Stunde.) Nach den Sommerferien 2014, er war zehn Jahre alt, hörte ich auf, ihm vorzulesen. Es war ein seltsamer, trauriger Moment. Lasse sagte einfach, dass ich ihm nun nicht mehr vorlesen müsse. Mehr sagte er nicht. Letztendlich ist es ein wenig wie mit einer langen Reise: Man kann nicht ein Leben lang ständig reisen. Aber von vielen Reisen zehrt man ein Leben lang. Das Vorlesen war nicht nur eine Reise, sondern es war eine Weltreise, auf der wir unglaublichste Abenteuer erlebt und unzählige Länder entdeckt haben.

Lasse ist übrigens ein ganz normaler Junge geworden, der wie fast alle Jungs eine Schwäche für *Clash of Clans* und für *Minecraft* hat und sich manchmal mit seinen Freunden die Zeit vertreibt, indem er YouTube-Videos glotzt. (Und oft streiten wir darüber.) Aber im Gegensatz zu vielen anderen Jungs liest er. Viel. Unglaublich viel.

Meine Tochter ist inzwischen acht. Ihr darf ich noch vorlesen. Aber wenn auch sie irgendwann diesen einen, fürchterlichen, aber allzu verständlichen Satz zu mir sagen wird, werde ich in ein Loch fallen. Denn das Vorlesen ist mir längst ebenso wichtig wie den Kindern geworden.

# Ein Buch über das Vorlesen?

Ein Buch zu schreiben, in dem es um verschiedenste Aspekte des Vorlesens geht, ist jahrelang ein Herzenswunsch von mir gewesen. Schon in meinen ersten Büchern, in denen es um das Schulsystem geht, habe ich das Thema zumindest gestreift. In *Lehrer: Traumberuf oder Horrorjob* (2013) schildere ich unter anderem meine unvergesslichsten Unterrichtsstunden, und zu meinen unvergesslichsten Stunden gehörten an allen Schulen, an denen ich unterrichtet habe, die Vorlesestunden. Selbst volljährigen Schülern habe ich regelmäßig vor den Sommerferien und vor Weihnachten vorgelesen.

Und auch in *Schule ohne Lehrer* (2015) widme ich mich an einer Stelle dem Thema ›Vorlesen‹. Der fiktive Kai, 15, dessen Alltag im Jahr 2014 vom durchgehenden Handykonsum geprägt ist und der vor, während und nach dem Unterricht ständig damit beschäftigt ist, WhatsApp-Nachrichten zu tippen oder zu lesen oder sich zu vergewissern, dass er auf Facebook nichts verpasst hat, liest abends seiner kleinen Schwester vor. Es ist der einzige Moment am Tag, an dem er sein Handy nicht in Reichweite hat. Und zwar aus einem ganz banalen Grund: Einmal hat es geklingelt, während er seiner Schwester gerade Pippi Langstrumpf vorgelesen hat. Das fand vor allem Kai selbst blöd, denn während er vorliest, entflieht er seinen virtuellen Welten und kommt endlich mal zur Ruhe.

Und es ist ja wirklich so: Die Zeit, in der man nicht hektisch Kurznachrichten liest oder beantwortet oder diesen oder jenen Link anklickt oder was auch immer fotografiert, wird knapper. Das geht längst auch den meisten Erwachsenen so. Während man Sport macht, befreit man sich in der Regel von jeglichen digitalen Zwängen. Im Theater auch. Aber im Kino schon nicht mehr. Gemeinsames Essen, ohne dass jemand auf irgendeinem Gerät herumtippt oder etwas nachschaut? Wird immer seltener. Vorlesen … das geht nur ohne digitale Ablenkung.

Vorlesen bietet eine der angenehmsten Möglichkeiten, sich aus der Hektik des Alltags, die durch die permanente Erreichbarkeit und das permanente Mitteilungsbedürfnis beängstigende Ausmaße erreicht hat, auszuklinken. Und das Tolle: Wenn man aus dem Vorlesen ein abendliches Ritual macht, klinkt man sich jeden Tag aus. Man nimmt sich also jeden Tag mindestens *eine* Auszeit. Denn wenn man vorliest, kann man parallel weder telefonieren noch ein YouTube-Video angucken, noch auf dem Handy Nachrichten lesen. Für das Kind oder alle anderen, denen man vorliest, gilt dasselbe. Sonst bekommt man ja nichts mit.

Vorlesen ist für die schulische Entwicklung eines Kindes wichtig: Denn natürlich fördert das Vorlesen unglaublich viele Fähigkeiten. Auch darum soll und muss es in diesem Buch gehen.

Das Vorlesen ist aber auch deshalb wichtig, weil es eine jahrelange Einladung an die Kinder ist, später selbst zu Büchern zu greifen. Und sollte ein Kind nicht so lesesüchtig werden, dass es nächtelang durchliest und deshalb schon mit elf Jahren Energydrinks braucht, um den Tag zu überstehen, sehe ich darin nur Vorteile. Denn ein Kind, das gern selbst liest, langweilt sich in der Regel selten und ist meistens auch nicht von einem Akku oder von einer Steckdose abhängig. Ein Kind, das gern liest, entscheidet selbst, wie ein Ork oder ein Dementor aussieht. Ein Kind, das gern liest, kommt zwar auf tausend bunte und spannende, aber selten auf dumme Gedanken. Ein Kind, das gern liest, verfügt über unglaublich viel und täglich neuen Gesprächsstoff und kann mit Freundinnen und Freunden über die Helden verschiedenster Bücher reden.

Das Vorlesen sollte auf keinen Fall nur Aufgabe der Eltern sein (und erst recht nicht nur Aufgabe der Mütter), sondern es sollte an unglaublich vielen Orten von ganz verschiedenen Vorlesern vorgelesen werden, so dass möglichst *alle* Kinder die Chance bekommen, in den Genuss ganzer Vorleseeinheiten zu kommen. Und es gibt Orte, die sich dafür anbieten und an denen auch mehr oder weniger regelmäßig vorgelesen wird. Vor allem in Kindertagesstätten wird zum Glück viel vorgelesen. Kindertagesstätten sind der Ort, an dem einigen Kindern überhaupt zum ersten Mal vorgelesen wird. Deshalb sind die Kitas in Hinblick auf die Lesesozialisation vieler Kinder von geradezu herausragender Bedeutung. Auch an Grundschulen wird vorgelesen, und meiner Meinung nach sollte man damit an weiterführenden Schulen nicht aufhören. Weitere Vorleseorte sind Bibliotheken und Buchhandlungen, die hin und wieder Lesungen anbieten.

Obwohl es sogar einen offiziellen Vorlesetag im Jahr gibt, könnte meiner Meinung nach noch viel mehr getan werden, um für eine der schönsten Sachen der Welt zu werben und um Kinder, die oft schon mit zehn Jahren ans Internet[3] verloren gegangen sind, für das Lesen und damit auch für Bücher zu begeistern. Das Problem ist, dass das Vorlesen und das Selbstlesen unter Jugendlichen einen bescheidenen Ruf genießt. Der Coolnessfaktor des Hobbys »Lesen« ist eher gering.

Mein Sohn ist neulich als »hobbylos« und als »schwul« bezeichnet worden, weil er zugegeben hat, dass er gern liest. Ich habe ihm gesagt, er soll das nächste Mal einfach erzählen, worum es in seinem Buch geht. Zufällig war es nämlich ein äußerst brutales Buch, und jeder, dem er einige Szenen einfach nacherzählt hätte, hätte gestaunt und anschließend vermutlich Lesen nicht mehr als Hobby für Loser abgetan. Lesen ist – meiner Ansicht nach – sogar ziemlich cool.

Aber wie liest man vor, damit es einem selbst und auch dem Zuhörer Spaß bringt? Was ist das überhaupt, ein guter Vorleser? Welche Bücher eignen sich für welches Alter? Und wie orientiert man sich in diesem Bücherlabyrinth mit seinen vielen Klassikern und jährlichen Neuerscheinungen? Auf all diese Fragen habe ich nach Antworten gesucht, und das war durchaus eine Herausforderung, weil es oft mehrere Antworten gibt.

---

3    Ich bin kein Internethasser. Ich habe mehrere Mailadressen und eine Homepage (www.arneulbricht.de) und kaufe meine Bahnkarten online. Aber wenn ich im Bus sitze und Schüler sehe, wie sie auf ihre Handys starren, dann mache ich mir immer häufiger Sorgen, dass schon diese Kinder immer gestresster werden und denke: Vielen von ihnen täte es gut, einfach mal eine halbe Stunde in einem Buch zu versinken.

Dieses Buch ist übrigens ein Stöberbuch. Wer sich zunächst nur einige Tipps für den eigenen Vorleseabend abholen möchte, der kann zuerst das entsprechende Kapitel lesen.

Sollte eine Mutter sich darüber ärgern, dass immer sie vorlesen soll, dann kann sie ihrem Mann noch heute Abend den Aufruf an alle Väter vorlesen.

Wer sich engagieren möchte oder nach Inspiration für Veranstaltungen sucht, findet den einen oder anderen Anstoß in dem Teil, in dem ich Vorleseorte vorstelle. Vielleicht ist ja eine Idee dabei, auf die sich der Buchhändler oder die Bibliothek vor Ort sogar einlassen.

Und vielleicht stolpert der eine oder andere Buchhändler oder die eine oder andere Bibliothekarin während der Lektüre der entsprechenden Kapitel über eine Veranstaltung, die ich erwähne und die man selbst auch mal organisieren könnte.

Erzieherinnen, aber auch Grundschullehrerinnen[4] sind diejenigen, die dafür sorgen, dass in Deutschland garantiert jedem Kind zumindest hin und wieder vorgelesen wird. Sie könnten das ganze Buch als eine Art Dankeschön und Bestätigung für ihre tolle Arbeit lesen. Darüber hinaus lasse ich einen männlichen (!) Erzieher ausführlich zu Wort kommen. Und ich gehe davon aus, dass Erzieherinnen und Grundschullehrerinnen ganz besonders die Tipps der Kinderbuchautoren, aus deren Büchern sie vielleicht sogar selbst schon vorgelesen haben, interessieren könnten. Außerdem finden sie viele Argumente für Elterngespräche, um Eltern davon zu überzeugen, dass sie ihren eigenen Kindern dringend regelmäßig vorlesen sollten.

Lehrern an weiterführenden Schulen empfehle ich die Lektüre des entsprechenden Kapitels inklusive meines Vorschlags, Vorlese-

---

4 Natürlich meine ich auch die Grundschullehrer und Erzieher. Im Großen und Ganzen verfahre ich in diesem Buch so, dass ich die männliche Form bei allgemeinen Formulierungen benutze, aber in diesem Fall handelt es sich zum Beispiel nicht um eine allgemeine Formulierung, denn der Prozentsatz an männlichen Erziehern und Grundschullehrern ist besorgniserregend gering. Wenn es gerade passt, benutze ich auch die männliche *und* weibliche Form.

unterricht beziehungsweise eine wöchentliche Vorlesestunde einzuführen.

Aber da es in jedem Kapitel um *unsere* Kinder geht, deren Leben
wir Erwachsenen bereichern sollten, ist es wahrscheinlich am sinn-
vollsten, wenn man einfach das ganze Buch liest.

# Vorlesen ist ... ja, was denn nun?

Die in der Danksagung erwähnten Buchhändler, Kinderbuchautoren und Vorleseexperten sollten unter anderem den Satz »Vorlesen ist ..., weil ...« ergänzen. Im Großen und Ganzen sind wir uns alle einig: Vorlesen ist etwas Großartiges, Tolles, Schönes, Atemberaubendes, Spannendes usw. usf. Dennoch sind die Meinungen in Nuancen unterschiedlich. Aspekte werden hervorgehoben, die derart einleuchtend und so naheliegend sind, dass ich selbst sie in diesem Buch nicht berücksichtigt hätte. Wer wen auch immer davon überzeugen möchte, dass wem auch immer wo auch immer vorgelesen werden sollte, findet hier Argumente von Menschen, die ihr ganzes Leben Büchern widmen. Entweder, weil sie selbst welche schreiben. Oder weil sie täglich von Büchern umgeben sind und es ihr Beruf ist, Bücher anzupreisen. Oder weil sie aus anderen Gründen begeisterte Vorleser sind und sich für das Vorlesen engagieren. Um den Eindruck zu vermeiden, ich hielte die Aussage von Frau Hinz für wichtiger als die von Herrn Kunz, greife ich auf das einfallsloseste, aber definitiv effektivste Mittel zurück: Ich zitiere nach dem Alphabet. Mit dem Kinderbuchautor Martin Baltscheit beginne ich demnach, und mit der Buchhändlerin Ingrid Voigt schließe ich ab. Also:

**Vorlesen ist ...**

... lebenswichtig, weil es für das Leben wichtig ist.
**Martin Baltscheit,** Autor von *Der Löwe, der nicht schreiben konnte* und vielen anderen Büchern/Sprecher

... unerlässlich, weil es die Imaginationsfähigkeit schult, die meiner Meinung nach eine der wichtigsten Fähigkeiten des Menschen überhaupt ist; ohne sie gibt es keine Innovation und keine Kreativität. Und Vorlesen schult nicht nur ungemein die Vorstellungskraft, es legt auch den Grundstein für vielfältige Interessen, Konzentrationsfähigkeit, kreative Eigenleistungen und Sprachgefühl. Wenn man einem Kind das Vorlesen vorenthält und stattdessen ausschließlich auf Fernsehen zurückgreift, vernachlässigt man seinen Kopf ebenso, wie man seinen Körper vernachlässigen würde, wenn man es nur mit Junkfood füttert.

**Meike Dannenberg,** Redaktionsleiterin Magazin Kinder-BÜCHER/Ressortleiterin BÜCHER-Magazin/Autorin bei btb/Randomhouse

… wichtig. Wenn ich meiner kleinen Tochter vorlese, sind das immer schöne und intensive Momente. Das Eintauchen in eine Geschichte erzeugt innere Bilder, und die Vorstellungskraft und die Phantasie wird angeregt.

**Erhard Dietl,** Autor und Illustrator von *Die Olchis* und vielen anderen Büchern

… eine ganz wesentliche Grundlage späterer Lesefreude und auch des Leseerfolgs in der Schule, weil damit spielerisch und ohne jeden Leistungsdruck bzw. ohne Erwartungshaltung seitens der Erwachsenen der Weg zum eigenständigen Lesen geebnet und der Spaß an Büchern und Geschichten nachhaltig geweckt wird.

**Christine Kranz,** Referentin für Leseförderung

… magisch, weil es die Wirklichkeit für die Zuhörenden durch den Einsatz von Stimme und Mimik nicht nur beschreiben, sondern auch erweitern und neu erfinden kann.

**Ursula Lange,** Buchhändlerin in der Aachener Buchhandlung SchmetzJunior und langjährige Expertin für Kinder- und Jugendliteratur

… toll, weil es ein ganz anderes Lesen erfordert, als wenn ich ein Buch für mich selber lese.

**Andreas Mahr,** Kinderbuchabteilung der Buchhandlung Christiansen

… ein irreführendes Wort, weil damit eigentlich Erzählen gemeint ist. Man erzählt nur nicht seine eigenen Gedanken, sondern die, die man gerade liest. Die Kunst ist es dann, so zu sprechen, als würde man nicht ablesen. Eine gute Vorlese-Technik erfordert, dass man blitzschnell einen Satz im Voraus liest, den Sinn erfasst und dann laut spricht.[5] Und zwar so, wie man es auch im richtigen Leben von sich geben würde. Vielleicht nur etwas langsamer und deutlicher als gewohnt.

**Daniel Napp,** Autor und Illustrator von *Dr. Brumm* und *Achtung, hier kommt Lotta* und vielen anderen Büchern

… enorm wichtig für die emotionale und geistige Entwicklung von Kindern. Die Nähe zur vorlesenden Person sowie die Kommunikation mit dieser Person über das Gelesene eröffnet Kindern eine immer differenzierter werdende Welt und legt den Grundstein für ein Leben mit Geschichten und anderen Texten. Wenn schon im frühen Alter das Interesse an Büchern, an Geschichten, auch an Sachtexten geweckt wird, dann ist die Wahrscheinlichkeit groß, dass sich der kleine Mensch auch in späteren Jahren die Welt lesend aneignet. Wenn Vorlesen selbstverständlich ist, wird das Selbstlesen (in der Regel) später ebenso selbstverständlich sein und dem Leser Orientierung und ein Sich-zu-Hause-Fühlen in einer reichen und bunten Welt ermöglichen.

**Alice Pantermüller,** Autorin der *Lottaleben*-Reihe

… ein Heidenspaß, weil man als Vorlesender die Möglichkeit hat, der Geschichte einen ganz eigenen Charakter zu verleihen.

**Kathrin von Papp-Riethmüller,** Bereichsleitung Kinder- und Jugendbuch bei der Osianderschen Buchhandlung

… wichtig, weil Kindern durch das Vorlesen das (eigene) Lesen als etwas Erstrebenswertes/Spannendes/Lustiges/Cooles/Begehrenswertes/Nachahmenswertes/… erlebbar gemacht wird.

**Martina Riegert & Martin Vögele,** Inhaber der Buchhandlung Riemann

---

5 Zum Thema »Wie liest man vor« äußere ich mich ausführlich im Kapitel *Ein guter Vorleser* – und auch dort lasse ich die Experten zu Wort kommen.

... toll, weil es bei Kindern Interesse an Literatur weckt, die Phantasie beflügelt und das Verhältnis zwischen Kindern und Eltern fördert.

**Heinrich Riethmüller,** Vorsteher des Börsenvereins des deutschen Buchhandels

... wichtig, weil es Kindern Worte fürs eigene Denken mit auf den Weg gibt und weil Geschichten dabei helfen können, Grenzen zu überwinden. Und wenn Kinder noch nicht selbst lesen können, sind sie auf einen Vorleser angewiesen. Außerdem verbindet das Vorlesen und regt zum Träumen an.

**Oliver Scherz,** Kinderbuchautor von *Ben, Wir müssen kurz nach Afrika* und anderen Büchern/Schauspieler

... lebensentscheidend, weil dadurch das erste Bild von der Welt in Sprache gegossen wird und die spätere Freude am Selberlesen geweckt wird. Es gibt uns die Fähigkeit, die Welt zu ordnen, zu entschlüsseln und aus der sicheren Warte der Kuschelecke heraus die Dinge spielerisch auszuprobieren und abzuwägen. Es verhindert, dass wir ›sprachlos‹ aufwachsen.

**Birgit Sieben-Weuthen,** Filialleiterin der Mayerschen Buchhandlung Wuppertal

... ein Angebot ans hoffentlich zuhörende Kind, weil es a) das Konzentrationsvermögen schult sowie b) den Beginn einer wunderbaren Freundschaft – nämlich der zum Buch – markieren könnte.

**Andreas Steinhöfel,** Autor der *Rico*-Bände und vieler anderer Bücher/Übersetzer

... ein Erlebnis, weil
- die Kinder sich in Kuschelhaltung zurechtsetzen/-legen, um konzentriert zuhören zu können und
- es keine aufmerksameren Zuhörer als Kinder gibt, die genau verfolgen, was gelesen wird, und sofort merken, sobald man eine Abkürzung vornimmt, manchmal sogar auch nur ein falsches Wort vorträgt.

**Ingrid Voigt,** Buchhändlerin und als solche Expertin für Kinderbücher

# Zahlen und Fakten

Im Zentrum dieses Buches sollen weder Zahlen noch Fakten stehen. Es ist auch kein wissenschaftliches Buch, sondern eher eine Ermunterung und vor allem eine Liebeserklärung an die schönste Sache der Welt. Aber damit sich die Anschaffung dieses Buchs auch für all diejenigen lohnt, die belastbare Fakten für Podiumsdiskussionen suchen, nenne ich an dieser Stelle zusammenfassend einige Zahlen und verweise auf Literatur, die sich vor allem an Experten richtet.

Bücher zum Thema »Vorlesen« sind rar. Wenn man bei thalia.de oder auch bei Amazon den Suchbegriff »Vorlesen« eingibt, kommt man vor allem auf »Geschichten zum Vorlesen«, und davon gibt es unzählige Bände aller möglichen Verlage.

Unglaublich viele konkrete Informationen bietet die Stiftung Lesen, die gemeinsam mit ihren Partnern, der Deutschen Bahn und der ZEIT, diverse Studien in Auftrag gegeben hat. Wer nach Zahlen und Fakten sucht, sollte unbedingt die knapp hundertseitige Broschüre über das *Vorlesen im Kinderalltag*[6] herunterladen (als Print leider nicht erhältlich). In dieser Broschüre werden die Ergebnisse sämtlicher Studien bis zum Jahr 2012 zusammengefasst, analysiert und auch kommentiert. Und das sind die Themen:

2007   Vorlesen in Deutschland
2008   Vorlesen aus Sicht der Kinder
2009   Warum Väter nicht vorlesen
2010   Vorlesen und Erzählen in Familien mit Migrationshintergrund
2011   Längerfristige Bedeutung des Vorlesens
2012   Digitale Angebote – neue Anreize für das Vorlesen?

---

6   http://www.stiftunglesen.de/download.php?type=documentpdf&id=951

Die Studien aus den Jahren 2013 und 2014 zu den Themen *Neuvermessung der Vorleselandschaft* und *Vorlesen macht Familien stark* sind allerdings noch nicht berücksichtigt, und die Ergebnisse der Studie aus dem Jahr 2015 lagen zum Zeitpunkt des Drucks dieses Buches noch nicht vor.

Für all diejenigen, die – aus welchen Gründen auch immer – über einen Aspekt des Vorlesens forschen, sind diese Studien gewiss ein Segen. Für mich ist sie trotz ihres wissenschaftlichen und deshalb oft etwas drögen und professoralen Stils vor allem deshalb interessant, weil sie die Ergebnisse der Studien prägnant zusammenfasst.

Zu Beginn widmen sich die Autoren allerdings nicht der Auswertung der Studien, sondern sie erläutern die zahlreichen Vorzüge des Vorlesens. Durch häufiges Vorlesen werden demnach unter anderem ganz allgemein das »Schriftbewusstsein«, das »pragmatische Bewusstsein zum situativen Gebrauch von gesprochener und geschriebener Sprache«, der »Zugang zu und Umgang mit Büchern und anderen Lesemedien«, das »frühe Schreiben« und die »Verfügbarkeit eines Wortschatzes und Ausdrucksfähigkeit«[7] geschult. Das liegt natürlich alles irgendwie auf der Hand. Wer sich passiv oder aktiv viel mit Sprache befasst, der fördert sein Bewusstsein für alles, was mit Sprache zu tun hat. Das Kind, das mit drei Jahren immer zum Fußballgucken mit ins Stadion genommen wird und zu Weihnachten Bettwäsche von Borussia Dortmund bekommt, entwickelt vermutlich auch eher ein Interesse daran, später selbst Fußball zu spielen, als das Kind, dessen Eltern denken, Fortuna Düsseldorf sei ein Karnevalsverein.

Einige Seiten später werden folgende Fähigkeiten ergänzt: Kinder lernen, »sich in andere Personen hineinzuversetzen« und »verschiedenste Situationen und Verhaltensweisen in ihrem Alltag einzuordnen und zu bewerten«. Außerdem werde die »Fantasieentwicklung« gefördert. Das wiederum liegt eigentlich auch auf der Hand, ist aber

---

7  Vgl. Simone C. Ehmig und Timo Reuther, *Vorlesen im Kinderalltag,* eine Broschüre der Stiftung Lesen zum Download, S. 4. Die Autoren belegen selbstverständlich alle Zitate. Ich verweise daher an dieser Stelle sowohl auf die Angaben in der Broschüre als auch insbesondere auf die Literaturliste. Alle weiteren Zitate in diesem Kapitel habe ich der Broschüre entnommen.

vermutlich nicht jedem wirklich klar. Dass zum Beispiel nicht nur die Deutschnoten, sondern alle (!) Noten der Kinder, denen regelmäßig vorgelesen wurde, später im Schnitt besser sind als diejenigen der Kinder, denen nicht regelmäßig vorgelesen wird, ist ja doch bemerkenswert.[8] Das liegt vermutlich nicht nur daran, dass der Wortschatz der Kinder frühzeitig erweitert wird, sondern auch daran, dass Kinder mit Fantasie später die lebhafteren Aufsätze schreiben und dass Kinder, die mit fünf Jahren fünfhundert Seiten lang eine Figur wie Jim Knopf auf einer ganzen Weltreise begleiten durften, später weniger Schwierigkeiten damit haben, im Deutsch- oder Englischunterricht Figuren zu begleiten und deren Verhalten zu analysieren. Denn auf kindliche Art und Weise haben diese Schüler das Verhalten von Jim Knopf ja auch schon Jahre zuvor analysiert. Ob das wirklich stimmt, lässt sich allerdings schwer beweisen. Es wäre gewiss eine Herausforderung, eine Studie durchzuführen, in der konkret die Deutschaufsätze von Zehntklässlern, denen in der Kindheit regelmäßig vorgelesen worden ist, mit Aufsätzen von Klassenkameraden, denen nie oder nur selten vorgelesen worden ist, zu vergleichen.

Das regelmäßige Vorlesen ist laut der Broschüre die »effektivste Spracherwerbssituation« überhaupt. Dass dies so ist, liegt daran, dass Kinder auf diese Weise frühzeitig in Kontakt mit Welten kommen, die »außerhalb ihres unmittelbaren Erfahrungshorizonts liegen«. In der Tat haben meine Kinder Tiere auf dem Bauernhof, etliche Fahrzeuge, die Feuerwehr und Polizei nicht durch eigene Erfahrungen oder durch Schleichtiere oder Lego kennengelernt, sondern vor allem durch das Vorlesen. Lego und Schleichtiere haben den durch das Vorlesen erworbenen Wortschatz eher gefestigt.

Es wird immer wieder betont, dass vor allem den Eltern als Vorbildern und Vertrauenspersonen eine zentrale Bedeutung zukommt. In der Regel sitzt das Kind während des Vorlesens abends bei ihnen auf dem Schoß oder liegt neben ihnen im Bett, und genau darin liegt

---

8  Ebd. S. 14–21. Die Abweichungen sind nicht dramatisch. Meistens sind es halbe Noten. Aber im Schnitt haben Kinder, denen viel vorgelesen wurde, in allen Fächern diesen Vorsprung.

der Unterschied zum Fernsehen – Letzteres machen Kinder oft allein, ein gemeinsamer Austausch findet also nicht statt. Und ein gemeinsames Erlebnis auch nicht.

Die für dieses Buch wichtigsten Erkenntnisse der Studien lauten grob zusammengefasst:

- Die wichtigsten Vorleser sind die Eltern, und zwar beide Eltern. Allerdings lesen viele Väter nicht oder nur selten vor.
- Wichtig ist es, regelmäßig vorzulesen. Am besten täglich.
- Fast alle Eltern sind der Meinung, dass das Vorlesen wichtig sei – allerdings wird jedem dritten Kind viel zu wenig oder gar nicht von den eigenen Eltern (und von den eigenen Vätern sowieso nicht) vorgelesen.

Das ist bedauerlich, denn die Studien bestätigen das, was irgendwie auch logisch ist:

- Kinder, denen viel vorgelesen wurde, verbinden auch später mit dem Lesen etwas Positives.
- Bei Kindern, denen viel vorgelesen wurde, fällt der »Leseknick« oder die »Lesekrise« während der Pubertät – während dieser Zeit beschäftigen sich Jugendliche vor allem mit sich selbst – weniger gravierend aus.
- Kinder, denen viel vorgelesen worden ist, haben in der Schule weniger Probleme – die Leistungen in sämtlichen Fächern sind im Schnitt leicht besser als bei Kindern, denen nicht vorgelesen worden ist.

Die Studie von 2013 betont, dass sich der Vorlesealltag verändert habe. Es werde zwar geringfügig mehr vorgelesen als noch 2007, aber noch immer würde jedem dritten Kind zu selten oder gar nicht vorgelesen.

Die Studie von 2014 unterstreicht, dass familiäre Bindungen durch das ritualisierte Vorlesen gestärkt würden.

Interessanterweise leugnet niemand die Vorzüge des Vorlesens. Deshalb ist es auf den ersten Blick erstaunlich, dass in vielen Familien nicht oder viel zu selten vorgelesen wird. Vielleicht ist es mit dem Vorlesen ja wie mit Obst. Natürlich ist eine Banane gesünder als ein Stück Kuchen. Aber schmeckt ein Stück Kuchen nicht besser? Damit meine ich Folgendes: Dass niemand leugnet, dass das Vorlesen unglaublich viele Vorzüge hat, heißt im Umkehrschluss nicht, dass sich deshalb Eltern abends oder zu anderen Zeitpunkten wirklich Zeit nehmen und ihren Kindern vorlesen. Das ist schade, denn auch vielen Eltern entgeht etwas unglaublich Spannendes.

Deshalb setze ich den Schwerpunkt in diesem Buch nicht auf wissenschaftliche Erkenntnisse, weil einfach jeder weiß, dass das eigene Kind durch das Vorlesen nicht dümmer wird. Ich konzentriere mich vor allem auf den emotionalen Aspekt des Vorlesens: Ich hoffe, dass man viele Gründe findet, warum das Vorlesen einfach Spaß bringt.

Eltern, die viel vorlesen, sind meiner Meinung. Ausnahmsweise nenne ich eine konkrete Zahl aus der Vorlesestudie aus dem Jahr 2007: 84 % aller Eltern lesen vor, weil es ihnen Freude bereitet.

Und wie viel Spaß das Vorlesen bringt, können sich all diejenigen, die nur selten vorlesen, vermutlich nicht im Entferntesten vorstellen. Vorlesen ist nicht nur ein Spaß, sondern ein Abenteuer!

Aber … was ist das eigentlich, ein guter Vorleser? Und wie liest man gut vor? In einem Buch, in dem es um das Vorlesen geht, sollte ich mich dazu nicht erst im Nachwort äußern. Deshalb tue ich es jetzt.

# Ein guter Vorleser – was ist das eigentlich?

Das ist auch Geschmackssache. Ich selbst bin zum Beispiel ein leidenschaftlicher Hörbuch-Hörer. Wie fast alle anderen leidenschaftli-
chen Hörbuch-Hörer auch finde ich, dass Rufus Beck und Christian
Brückner umwerfend gut lesen können. Und persönlich finde ich
Ulrich Matthes mindestens ebenso brillant. Mit anderen Stars der
Szene kann ich weniger anfangen, und immer dann, wenn gerühmt
wird, dass sich jemand beim Vorlesen ›zurücknimmt‹, dann weiß ich,
dass das nichts für mich ist. Denn wenn sich jemand zurücknimmt,
dann liest er meistens langweilig, und ich schlafe dabei ein. Müsste
ich einen Ausschnitt nennen, der mich am meisten beeindruckt hat,
würde ich mich vermutlich für Klaus Kinskis Lesung aus *Schuld und
Sühne* entscheiden (Raskolnikoffs Traum[9]).

Aber in diesem Buch geht es ja in erster Linie darum, wie man
Kindern ›gut‹ vorliest. Und zumindest einige Regeln gibt es, die man
beherzigen könnte. Gabriele Blum, die unter anderem Hörbücher für
Kinder eingelesen hat – zum Beispiel *Weihnachten mit Astrid Lindgren,* diverse *Olchi*-Geschichten, verschiedene Märchen und vieles
mehr –, hat sich auf einer Vorleseseite im Internet[10] dazu recht ausführlich wie folgt geäußert:

> Um das Vorlesen unterhaltsamer zu machen, lohnt es sich *die
> Stimme zu verstellen.* Zudem hilft es Ihnen und dem Kind die
> handelnden Figuren voneinander abzugrenzen und die *Situa-
> tionen des Buches emotional zu unterstützen.* Stellen Sie sich am

---

9 Kinski spricht Werke der Weltliteratur, Dostojewski, Deutsche Grammophon.
10 http://blog.ellermann.de/2014/06/10/uebers-vorlesen/ (Abruf: Juni 2015).
   Auf der Seite http://blog.ellermann.de/ findet man übrigens viele lesenswerte
   Texte, in denen es ums Vorlesen geht.

besten die Frage: Welche Sicht auf die Welt haben die jeweiligen Figuren? Die kleinen Helden sollten unser Alter Ego sein, lesen Sie diese daher am besten ohne viel Verstellung vor, dann bleiben Sie authentisch. Aber der Dachs, der eigentlich nur seine Ruhe will und so wenig sagt wie möglich, in den Bart brummelt und grummelt, hat sicher eine tiefe Stimme, während die Fee, die pusteleicht und neugierig, kicherig und kitzelnd zum Miterleben auffordert, bestimmt eine hohe, feine, piepsige Stimme hat. Und der schmierige, etwas sadistisch schadenfrohe Kerl darf doch ruhig ein bisschen wie Klaus Kinski im Edgar Wallace klingen – oder nicht?

Bei Tieren gilt es zu überlegen: Wie klingt denn eigentlich ein Huhn? Kann dessen Stimme nicht auch ein bisschen gackerig sein? Das Eichhörnchen spricht bestimmt rasend schnell und kekekekekeckernd? Die Schlange schschschschpricht ßßßßßßicher das »s« ganzzzz besonderssss gerne …

Nichts ist schöner für Kinder, als wenn sie sich (im sicheren Kuschelschutz) ordentlich gruseln können. Auch hier gilt: Gib dem Affen Zucker! Die quietschende Tür, eine leise, vorsichtige, ängstliche Stimme, (sich einfach selbst in den dunklen Keller mit vielen Spinnen »beamen«), die Spannung halten, … warten, … warten, … warten und dann – kawumm – der Knalleffekt. Ich bin überzeugt, wenn Sie erst einmal angefangen haben, ihren Giftschrank an Stimmen zu erweitern, dann wird es viel Spaß machen, immer Neues zu entdecken, mit jeder neuen Geschichte.

Wichtig: Nehmen Sie die Helden ernst und verniedlichen Sie die Kinder in den Geschichten nicht. Es sind Helden, wenn auch mit kürzeren Beinen, aber mutig, frech, himmelhoch jauchzend, zu Tode betrübt.

Nutzen Sie die einmalige Chance, für ein paar Minuten am Tag wieder einzutauchen in eine Welt, in der noch alles möglich scheint und der Glaube felsenfest ist. Vielleicht werden dann bald Sie diejenigen sein, die abends sagen: Soll ich nicht noch was vorlesen?

Ich kann mich dem im Großen und Ganzen anschließen. Wie »gackerig« man wirklich liest, bleibt einem selbst überlassen und gehört zur Freiheit eines jeden Vorlesers, der irgendwann weiß, was er gut kann und was nicht.

Lautstärke und Lesegeschwindigkeit kann übrigens jeder Vorleser – egal ob Dauer- oder Erstvorleser – variieren, und man sollte es deshalb auch immer wieder versuchen und mit der Geschwindigkeit herumexperimentieren. Vor allem Eltern haben einen gigantischen Vertrauensvorschuss, denn die Kinder finden einen sowieso toll, egal wie sehr man mit einem Text kämpft. Deshalb darf man so viel herumprobieren, wie man will. Es gibt gehetzte Passagen, die sollte man ruhig atemlos vorlesen. Und es gibt traurige Szenen, die Zeit brauchen. Und die Zeit sollte man sich auch nehmen. Alle Vorlesenden werden irgendwann merken, was sie gut können und was ihnen nicht so liegt. Und dann staunt er oder sie, wie er oder sie langsam, aber sicher Abend für Abend »besser« wird und wie das Vorlesen immer mehr Spaß bringt, bis er oder sie sich nicht mehr vorstellen kann, es nicht zu tun. Und natürlich kann man, wenn man will, auch ganz bewusst an seiner Vorlesetechnik feilen. Zum Beispiel, indem man sich anhört, wie Profis Texte einlesen. Nachahmen bringt nichts, weil die meisten unnachahmbar sind. Aber die eine oder andere Technik darf man sich ruhig abgucken. Daniel Napp empfiehlt die CD *Die Kunst des Hörbuchsprechens* von Hans Eckardt. Die CD habe ich auch, sie gefällt mir. Allerdings sollte niemand, der seinen Kindern vorlesen möchte, denken, dass man dafür eine Anleitung und ausführliche Erklärungen bräuchte.

Ich halte mich selbst übrigens für einen guten, aber bei Weitem nicht für einen überragenden Vorleser. Ich lese zum Beispiel nie, ohne mich alle fünf Minuten mindestens einmal heftigst zu verhaspeln beziehungsweise zu stottern. Und Dialekte kann ich gar nicht. Mein Schwäbisch klingt wie Sächsisch, mein Bayerisch wie eine Mischung aus Französisch und Englisch … ich habe schnell aufgegeben. Vor allem auch, weil es mir nie Spaß gebracht hat, Dialekte vorzulesen. (Ich lese auch Bücher, in denen Figuren im Dialekt sprechen, mit weniger Begeisterung vor als andere Bücher.)

Wenn man im Internet in eine Suchmaschine Vorlesetipps eingibt, dann kommt man in der Regel auf Listen, und mit solchen Listen ist es wie mit fast allen Listen: Man sollte sie nicht zu ernst nehmen, aber man darf sich gern inspirieren lassen. Das trifft auch auf das Vorlese-ABC[11] von Susanne Brandt zu. Unter T steht dort zum Beispiel: »Trinken Sie vorher ein Glas Wasser.«

Na ja. Aber unter F steht etwas durchaus Wichtiges: »Fürchten Sie sich nicht vor möglichen Fehlern, sondern genießen Sie die gemeinsame Erfahrung.«

Wer schon mal auf Lesungen war, der weiß, dass sich fast alle Autoren und selbst Schauspieler manchmal verlesen. (Und Eltern sind ja meistens keine Schauspieler.)

Ich selbst habe vor einiger Zeit für die Printausgabe (des eigentlich ausschließlich virtuellen) Vorleseclubs ebenfalls eine »Liste«[12] erstellt, die man auch nicht ernst nehmen muss, von der man sich aber gern ermuntern lassen darf:

Wie Vorlesen (noch mehr) Spaß bringt

- Man sollte mit Begeisterung dabei sein. Also: Je knurriger man den Hotzenplotz liest, desto größer die Freude des Kindes und desto mehr Spaß bringt das Vorlesen.
- Wenn vor allem die Bilder die Geschichten erklären, auch mal falsch bzw. Unsinn vorlesen. Das Kind ist garantiert begeistert, wenn es den Vorleser bei einem »Fehler« erwischt und hört allein deshalb besonders konzentriert zu.
- Vorlesen ist abends das Wichtigste. Wenn man doch mal angerufen wird, sagt man: »Ich rufe später zurück!«
- Handys und anderes Technikspielzeug haben im Vorleseraum – in der Regel im Kinderzimmer – nichts zu suchen.
- Man sollte sich gern dazu überreden lassen, eine Seite mehr oder das Kapitel doch noch zu Ende zu lesen.

---

11  http://www.lesewelt-berlin.org/index.php?article_id=95
12  Im Internet inzwischen hier: http://www.netzwerkvorlesen.de/download.php?type=documentpdf&id=412

- Man sollte sich nicht scheuen, als »Belohnung« nach der Lektüre eine Verfilmung zu zeigen. (Die Reihenfolge, erst das Buch, dann der Film, ist für meinen Sohn inzwischen selbstverständlicher als das Zähneputzen am Abend.) Die Augsburger Puppenkiste hat *Jim Knopf* und *Das Sams* im Repertoire. Man kann also schon früh anfangen mit diesem Prinzip, ohne aus dem Kind einen Fernsehjunkie zu machen.
- Das Vorlesen sollte man unbedingt genießen: Denn das Vorlesen ist nichts anderes als ein gemeinsamer Ausflug in eine andere Welt. Und wenn daraus eine Reise wird … dann gibt es kaum etwas Schöneres.

In dieser Liste geht es nicht nur um die »Vorlesetechnik«, sondern insgesamt um das Vorleseritual. Eine Lehrerin, die an meiner Schule Erzieher(innen) ausbildet, meinte allerdings, dass man Kindern keine veränderten Geschichten vorlesen solle, weil Kinder die heile Welt in den Geschichten bräuchten. Das stimmt wahrscheinlich. Aber nachdem man seinem Kind ein Buch zum achten Mal vorgelesen hat, kann man meiner Meinung nach ruhig hin und wieder den einen oder anderen Fehler einbauen.

Und wie antworten nun die Autoren, Buchhändler und Experten auf die Frage, was ein guter Vorleser ist? Die Antworten drücken manchmal Ähnliches mit unterschiedlichen Worten aus oder sind grundverschieden und schließen sich sogar aus. Und das ist toll. Denn sollte jemand denken, dass man so oder so vorlesen *muss,* weil es anders *falsch* ist … dann habe ich das Gegenteil dessen erreicht, was ich zumindest zu erreichen gehofft habe, und das ist: Lust und Neugierde zu schüren oder Mut zu machen oder einfach diejenigen, die eh gern vorlesen, in ihrem Tun zu bestätigen. Dieses Mal zitiere ich die Autoren, Buchhändler und Experten in umgekehrter Reihenfolge.

Ein guter Vorleser/eine gute Vorleserin sollte …

… eine angenehme Stimme haben, akzentuiert sprechen können, mit Kindern umgehen können, selber begeisterte/r Leserin/er sein und die Geschichte leben, nicht nur lesen.
**Ingrid Voigt**

… die Stimmung des Zuhörers wahrnehmen, sich ihr anpassen und sie behutsam lenken in Richtung eines noch intensiveren Vorlese-Erlebnisses.
**Andreas Steinhöfel**

… Zeit und selbst Spaß am Lesen haben.
**Birgit Sieben-Weuthen**

… selbst Spaß an der Geschichte haben, beim Vorlesen ehrlich sein und die Figuren im Buch ernst nehmen, ebenso wie die Zuhörer. Ich komme auch immer wieder mit meinen Kindern dabei ins Gespräch und rede mit ihnen über das, was passiert. Das ist für beide Seiten anregend.
**Oliver Scherz**

… darauf achten, natürlich zu bleiben, nicht zu schnell zu lesen und das Richtige fürs richtige Alter rauszusuchen.
**Heinrich Riethmüller**

… sich Zeit nehmen, sich in die vorgelesene Geschichte einfühlen können und auf Fragen auch während des Vorlesens eingehen können. Ein gewisses schauspielerisches Talent rundet das Profil ab. Dadurch schafft es der Vorleser/die Vorleserin, die Zuhörer in den Bann der Geschichte zu ziehen.
**Martina Riegert/Martin Vögele**

… eine Geschichte so vorlesen können, dass das Zuhören unterhaltsam ist! Außerdem sollte man immer auch auf die Reaktionen der Kinder achten – so kann man beispielsweise eine spannende Geschichte ein wenig langweiliger vorlesen, wenn es den Kindern zu aufregend wird. Andersherum kann man aber auch aus einer langweiligen Stelle richtig spannende Geschichten machen.

**Kathrin von Papp-Riethmüller**

… natürlich zunächst einmal dazu in der Lage sein, gut betont und in angemessenem Tempo vorzulesen. Aber noch spannender ist es für den oder die Zuhörer, wenn der Vorleser Spaß an der gemeinsamen Aktion hat. Wenn ihm die Freude und das Interesse an der Geschichte anzumerken ist, wenn er nicht nur liest, sondern erleben lässt, was auf dem Papier geschrieben steht. Wenn er es schafft, beim Lesen die Atmosphäre der Geschichte zu übermitteln, verschiedene Rollen einzunehmen und überzeugend vorzutragen. Natürlich ist nicht jeder Vorleser ein geborener Schauspieler, aber wenn es ihm gelingt, in den Köpfen der Zuhörer Bilder zu erschaffen, die lange nachwirken und Lust auf mehr machen, dann ist er mit Sicherheit ein guter Vorleser.

**Alice Pantermüller**

… die Geschichte selber vorher schon mal gelesen haben, um zu wissen, worum es geht, und um die Stimmung zu kennen. Beim Vorlesen ist es dann wichtig, die Geschichte selber zu »erleben« und nicht abzulesen. Dieses Einfühlen in die Geschichte ist wichtiger als lupenreines Hochdeutsch oder Stimmakrobatik. Überhaupt ist das extreme Verstellen der Stimme eher kontraproduktiv für den Erzählfluss. Selbst professionelle Sprecher und Schauspieler übertreiben es da leider sehr oft.

**Daniel Napp**

… in der Lage sein, die Stimmung des Buches zu vermitteln und den unterschiedlichen Charakteren ein eigenes Leben einzuhauchen. (Es ist zwar schwer, durchgehend die richtigen Stimmen wieder abzurufen, aber auch hier gilt: Übung macht den Meister!)

**Andreas Mahr**

… sich der Zuhörenden bewusst sein, um wahrzunehmen, wie das Publikum auf das Vorlesen und die Geschichte reagiert und entsprechend reagieren zu können.
**Ursula Lange**

… sich zurücknehmen können. Gekonntes Vorlesen bringt die Geschichte zum Leuchten! (Rafik Schami:»Der beste Vorleser ist der, den man nicht sieht.«)
**Christine Kranz**

… das vor allem gern tun. Er/Sie sollte dabei die nötige Ruhe mitbringen, sich auf die Geschichte richtig einlassen und ein offenes Ohr für die Fragen der Kinder haben.
**Erhard Dietl**

… sich Zeit nehmen und Vorlesen in den Alltag integrieren. Und schauen, welche Bücher das Kind interessieren, selbst, wenn die nicht den Geschmack der Eltern treffen. Nur aus einem begeisterten Zuhörer wird später auch ein begeisterter Leser und nur aus einem begeisterten Leser wird jemand, der eine Fülle von Informationen verarbeiten und aufnehmen kann. Selbst gern zu lesen, schadet auch nicht: Kinder von Eltern, die selbst auch eine Affinität zu Büchern zeigen, sind leichter für diese zu begeistern.
**Meike Dannenberg**

… die Geschichten lieben.
**Martin Baltscheit**

Rein technisch gesehen sind Eltern nicht unbedingt die besten Vorleser. Aber das müssen sie auch nicht sein. Denn sie sind auch ohne ausgefeilte Vorlesetechnik die wichtigsten Vorleser. Und zwar mit Abstand. Allerdings hat die Sache einen Haken …

# Die wichtigsten Vorleser

## Mütter und Väter

Eltern sind in der Regel diejenigen, die dem eigenen Kind von Beginn an vorlesen. Und von Beginn an heißt eigentlich, dass man mit den ersten schweren Büchern, die aus fünf dicken Papp- oder gar Holzblättern bestehen können, anfängt, sobald das Kind gucken und greifen kann. Zunächst zeigt man auf Abbildungen (»Buch«, »Auto«, »Banane« usw.), aber schon recht früh kann man auch das Vorlesen ritualisieren. *Bobo, der Bär* habe ich meinen beiden Kindern, als sie ungefähr zwei Jahre alt waren, gefühlte achthundertmal vorgelesen. Fanden sie toll und wollten sie immer wieder hören.

Je ritualisierter das Vorlesen wird, desto mehr gehört es zum Alltag des Kindes, das jeden Tag Neues aufnimmt und auch deshalb jeden Tag diesem Ritual mehr entgegenfiebert, bis das Ritual zum abschließenden Höhepunkt eines jeden Tages wird und dem Kind etwas fehlt, sollten die Eltern es »vergessen«. Die Studien, mit denen ich mich vor allem im Kapitel *Zahlen und Fakten* auseinandergesetzt habe, bestätigen die Bedeutung des Rituals:

> Kinder und Jugendliche, deren Eltern regelmäßig jeden Tag vorgelesen haben, profitieren am deutlichsten und umfassendsten. Das tägliche Ritual vermag offensichtlich das volle Potenzial für eine gute längerfristige Entwicklung von Kindern zu entfalten.

Genau! Und sobald man beginnt, längere Geschichten zu lesen, zum Beispiel den *Räuber Hotzenplotz,* die *Sams*-Geschichten oder *Pippi Langstrumpf,* dann nervt es ja auch, wenn man auf den Fortgang der Handlung warten muss. Das abendliche Vorlesen sollte so selbstverständlich sein wie das abendliche Zähneputzen. Und eigentlich verhält es sich mit dem Vorlesen ja sogar ähnlich wie mit dem Zähneputzen. Je regelmäßiger man es macht, desto mehr hat man davon. (Allerdings bringt das Vorlesen auch mehr Spaß, wenn man es regelmäßig macht. Das ist beim Zähneputzen eher nicht so.) Und natürlich festigt man so den Eindruck, dass Bücher und Lesen zum Leben einfach dazugehören.

Wenn Eltern dann auch noch selbst lesen und die Kinder die eigenen Eltern mit diesen Dingern in der Hand beobachten, dann steigt die Chance, dass aus den eigenen Kindern irgendwann mal Leser werden, um ein Beträchtliches. Aus diesem Grund bin und bleibe ich auch ein leidenschaftlicher Fan des gedruckten Buches. Der E-Reader, der viele unbestreitbare Vorzüge hat – zum Beispiel kann man darin abends toll auf dem Balkon lesen – sieht aus wie ein Tablet. Und wenn ein Kind die Eltern ständig mit dem Tablet sieht, bekommt es vielleicht auch schon frühzeitig Lust auf etwas ganz anderes (Zocken, Chatten usw.). Das Problem ist: Viele Erwachsene lesen heutzutage zwar viel, aber vor allem WhatsApp-Nachrichten. Darin unterscheiden sie sich nicht von ihren Kindern, sobald die ihr erstes Smartphone geschenkt bekommen. Aber ich empfehle an dieser Stelle, einem gedruckten Buch einfach mal eine Chance zu geben. Mit dem Selbstlesen ist es ja wie mit dem Vorlesen: Das Selbstlesen kann ein wunderbarer, unglaublich entspannter Ausklang eines hektischen, stressigen Tages sein. Wer glaubt, dass Bücher nicht so spannend sind wie *Tatort, Wer wird Millionär, Das Dschungelcamp* oder *Facebook,* der hat die falschen Bücher gelesen oder zu schnell aufgegeben. Wenn man selbst liest, schlägt man übrigens zwei Fliegen mit einer Klappe: Erstens verschafft man sich eine Auszeit, zweitens wird man zu einem Lesevorbild für das eigene Kind. Und jeder, der daran zweifelt, sollte es dringend ausprobieren: Es ist einfach angenehm und befreiend, einmal am Tag einen Gegenstand, für den man keinen Strom benötigt, länger als drei Minuten am Stück in der Hand zu halten.

# Väter, lest vor!

Am 28.12.2010 veröffentliche die Süddeutsche Zeitung unter dem Titel *Je knurriger der Hotzenplotz, desto größer der Spaß* im Literaturteil meinen Artikel über (nicht) vorlesende Väter. Ich schrieb damals:

Abends wird bei uns vorgelesen. Wie in Millionen anderen Familien auch. Nach dem Zähneputzen und dem üblichen Theater im Bad springt mein siebenjähriger Sohn aufs obere Bett des Stockbetts, während sich meine Tochter unten neben mich setzt und mit einem klassischen Dreijährigentonfall, der keinen Widerspruch duldet, sagt: »Zwei Bücher!«

Dann knallt sie mir die Bücher hin und merkt nicht, dass ich mir zu den Bildern nur ein paar Sätze ausdenke oder lediglich den jeweils ersten Abschnitt vorlese. Dass ich das mache, liegt nicht daran, dass ich keine Lust oder keine Zeit habe. Es liegt daran, dass ich es kaum erwarten kann, meinem Sohn vorzulesen. Denn mein Sohn und ich machen daraus immer eine Party, und ich lese so lange, bis meine Tochter tief und fest eingeschlafen ist.

Rein statistisch gesehen bin ich übrigens eine Frau, genauer gesagt: eine Mutter. Laut einer repräsentativen Kinderbefragung zum Vorleseverhalten der Eltern, die von der ZEIT, der Stiftung Lesen und der Deutschen Bahn 2008[13] organisiert wurde, sind es die Mütter, die vorlesen. In 73 Prozent der Familien nehmen sich ausschließlich die Mütter abends die Zeit. In elf Prozent lesen die Eltern gemeinsam vor. Aber nur acht von hundert Vätern erklären das Vorlesen für sich zur Chefsache. Andersherum formuliert klingt es noch beschämender: 92 Prozent der Väter lesen ihren Kindern gar nicht oder, wenn überhaupt, im Wechsel mit der Mutter vor. Offensichtlich schockiert von den Ergebnissen wurde daraufhin die Umfrage »Warum Väter nicht vorlesen« in Auftrag gegeben. Die

---

13  Laut der Studie von 2013 ist das Vorleseverhalten der Väter zwar noch immer bedauerlich, aber nicht mehr ganz so erbärmlich, denn: »Besonders Väter von 3–5jährigen Kindern lesen häufiger vor als noch im Jahr 2007.«

Ergebnisse sind ernüchternd, deprimierend und peinlich. Und vor dem Hintergrund, dass Väter schichtübergreifend immer häufiger die zwei Vätermonate nehmen, ist die dramatische Unlust vorzulesen vollkommen unverständlich.

Ich bin auch ein Vater. Und ich gehöre zu den acht Prozent. [...] Ich halte mich (aber) keineswegs für die Super-Nanny unter allen Vätern, die beabsichtigt, mit erhobenem Zeigefinger irgendwelche moralischen Ich-Botschaften zu verschicken. Bei uns ist es nun einmal so, dass ich mich generell um die Kinder kümmere. Und das tue ich nicht aus irgendeiner genetischen Veranlagung heraus, sondern weil ich ein schlechtes zweites Staatsexamen habe. Deshalb werde ich immer nur als Vertretungslehrer eingesetzt. Meine Frau wiederum war beruflich stets deutlich erfolgreicher als ich. Also kümmere ich mich um die Kinder, arbeite nebenbei in Teilzeit und schreibe hin und wieder ein Buch. Als Vater tauge ich, das gebe ich zu, oft nur bedingt. Ich bin zum Beispiel auf furchterregende Weise ungeduldig. Wenn ein Kind stürzt und heult, sage ich: Steh' auf, war nicht schlimm.[14]

Aber ich lese vor. Hätte mir vor Kurzem jemand gesagt, dass ich eine Ausnahme sei, ich hätte es nicht geglaubt.

Auf die Frage, warum sie ihren Kindern nicht vorlesen, hatten die Väter unter anderem geantwortet:

1. Die Zuständigkeit liegt bei der Mutter.
2. Keine Zeit.
3. Vorlesen macht mir keinen Spaß (Frauen können besser vorlesen!)

Ich schüttelte den Kopf und begann *ad hoc* Kommentare zu formulieren:

---

14 Ich hatte noch ein paar weitere Beispiele genannt, die die Süddeutsche Zeitung seinerzeit einkassierte. Zum Beispiel bin ich extrem ungeduldig. Und ich kann mich fürchterlich aufregen, wenn den Kindern beim Essen eine Gabel runterfällt. Und wenn ich im Arbeitszimmer bin, sollten meine Kinder mich bloß nicht ansprechen, dann reagiere ich nämlich unglaublich gereizt. Usw.

Zu 1. Blödsinn! Die Zuständigkeit für das »natürliche« Stillen, die liegt zweifelsohne bei der Mutter. Aber nicht die Zuständigkeit für das Vorlesen.

Zu 2. Nun gut, es kann nicht jeder Lehrer in Teilzeit sein. Aber wenn ein Vater erst um sieben Uhr von der Arbeit kommt, also mit Verlaub: Gerade dann sollte er vorlesen.

Zu 3. Ach so. Ja, kann sein, dass es da den einen oder anderen gibt. Aber in den meisten Fällen ist das doch nur ein bequemes Alibi, um sich abends früher vor die Glotze setzen oder noch eine Runde ungestört im Internet surfen zu können.

[...]

Übrigens finde ich es bewundernswert, dass die Mütter, die sich noch immer deutlich mehr um die Kinder kümmern als ihre Männer – ich habe in den zurückliegenden Jahren ausschließlich (!) mit Müttern kommuniziert, wenn ich für meine Kinder was auch immer organisiert habe[15] – abends das Vorlesen übernehmen. Wenn sie alleinerziehend sind oder ihre Männer im Vorstand eines Aktienunternehmens sitzen und nie zu Hause sind, ist das noch bewundernswerter, aber natürlich fällt der Partner als Vorleser dann ja auch aus. Wenn dies nicht der Fall sein sollte, wenn der Vater also nur deshalb nicht vorliest, weil er keinen Bock hat oder lieber Fußball guckt, dann sollte der Vater einen kräftigen Tritt in den Hintern bekommen. Erst von seiner Frau. Dann von seinem Kind. Denn es ist wichtig, dass Väter vorlesen. Wie vielen der Jungs, die Lesen »uncool« oder »peinlich« finden, ist wohl nie von ihrem Vater vorgelesen worden? Die nicht vorlesenden Väter tragen eine Mitschuld daran, wenn aus Jungs Lesemuffel werden, die nervös werden, sobald sie später in der Schule eine schmale Novelle oder einen längeren Kommentar lesen sollen. Mich macht eher eine beunruhigende Zahl aus einer der oben genannten Studien nervös: Demnach lesen 57 % der Mädchen zwischen 6 und 13 Jahren gern, aber nur 26 % der gleichaltrigen Jungen. Wenn man daran

---

15  Meine Frau sprach stets anerkennend von meinem »Mütternetzwerk«.

denkt, wie viele unglaubliche und spannende Abenteuer all diese Jungs allein deshalb nicht erleben, müsste es doch eigentlich einen Aufschrei geben. (Immerhin: Die Studien der Jahre 2008, 2009 und auch noch die Studie des Jahres 2013 waren so etwas Ähnliches wie ein Aufschrei.)

Vor allem das Argument, dass das »keinen Spaß« bringe, gruselt mich. Wenn ein Vater ein Buch – es muss ja nicht unbedingt eine zähe Conni-Geschichte sein – wirklich mal vorlesen und sich Mühe geben würde, würde er erstens merken, wie viel Spaß das Vorlesen wirklich bringt und zweitens, wie nah man seinem Kind in einer solchen Situation ist.

Später ergänzte ich diesen Artikel übrigens noch durch einen Aufruf. Der entscheidende Absatz lautete:

> Das Vorlesen kann genauso toll wie Toben sein! Denn es gibt Bücher, die lassen sich wie in einem Rausch vorlesen. Es ist sogar eine Herausforderung, sowohl dem Räuber Hotzenplotz als auch Voldemort oder den Brüdern Löwenherz eigene Stimmen zu geben. Und wenn jemand im Buch schreit, darf man auch ein wenig schreien. Wenn jemand kreischt, kreischt man. Wenn jemand schnaubt, schnaubt man. Sobald man vorliest, hat man die einzigartige Chance all das ungestraft und mit bestem Gewissen zu tun. Je mehr man schnaubt, schreit, seufzt, brüllt, flucht, flüstert ... desto begeisterter ist das Kind. Und schon ist aus der Meditation eine Party geworden. Eine Vorleseparty. Die meisten Väter wissen leider nicht, wie befriedigend eine solche halbe Stunde sein kann. Für das Kind. Für einen selbst. Für beide.

Diese Texte habe ich vor einigen Jahren geschrieben. Und noch immer bin ich fassungs- und verständnislos, warum so viele Väter abends Besseres zu tun haben.

Oft fallen Väter, die nicht vorlesen, leider ganz generell als Lesevorbilder aus. Das führt dazu, dass Mädchen den Müttern, die vorlesen und auch eher selbst lesen, nacheifern, und Jungs eben den Vätern. Christine Garbe und Maik Phillip veranschaulichen dieses Phänomen durch die »fünf Achsen der Differenz«. Weil es so schön einleuchtend und auch griffig klingt, zitiere ich folgenden Absatz[16] komplett:

> Männer lesen erstens seltener und kürzer als Frauen (Achse *Quantität*). Männer lesen zweitens häufiger Sach- und Fachbücher und weniger Fiktionales oder Stoff mit Bezug aus dem eigenen Leben (Achse *Lesestoffe und Lektürepräferenzen*). Männer lesen drittens eher sachbezogen und distanziert, Frauen eher empathisch und emotional involviert (Achse *Lesemodalitäten*). Männer verbinden viertens weniger häufig Freude und Gratifikation mit dem Lesen als Frauen (Achse *Lesefreude*). Mit Blick auf Kinder und Jugendliche haben fünftens Mädchen gegenüber Jungen einen Vorsprung in der Leseleistung, vor allem beim Textverstehen (Achse *Lesekompetenz*).

Diese Ausführungen sind bedauerlicherweise nur allzu wahr. Es gibt jetzt schon Initiativen und Vorschläge, wie Väter für das Vorlesen begeistert werden sollen: Zum Beispiel, indem sie mit den Kindern in Sportzeitschriften blättern. (Am besten in der Sport-Bild wegen der vielen bunten Bilder?) Bitte nicht. Oder indem sie Sachbücher lesen, bevor sie zum Beispiel in den Zoo gehen. Schon besser. Aber auch darum geht es nicht. Es geht darum, dass Väter animiert werden, abends vorzulesen. Im Wechsel mit der Mutter. Oder dass sie *die* Vorleser werden. Erst recht, wenn die Männer den Kindern vorleben, dass sie das Geld verdienen und arbeiten gehen, während sich die Mütter (die meistens auch arbeiten) um Haushalt und Kinder kümmern. Gerade in diesem Fall sollten Väter das Vorlesen an sich reißen. Um zu demonstrieren, wie wichtig es auch ihnen ist. Aber das tun sie nicht.

Es gibt die Initiative »Mein Papa liest vor« der Stiftung Lesen.[17] Diese Initiative läuft unter anderem über Arbeitgeber, die die Väter unter den Angestellten mit im Intranet abrufbaren Lektürevor-

---

16  Christine Garbe: *Echte Kerle lesen nicht!?* (im Handbuch *Jungen Pädagogik*), Weinheim 2008, S. 301–302, zitiert nach *Vorlesealltag*, a. a. O.

17  http://www.stiftunglesen.de/programmbereich/kindertagesstaette/mein-papa-liest-vor

schlägen und Vorlesetipps versorgt. Wer weiß: Vielleicht gibt es ja tatsächlich den einen oder anderen Vater, der auf diese Weise für das Vorlesen sensibilisiert worden ist. Ich bin allerdings überzeugt davon, dass vor allem Kindertagesstätten, Schulen, Bibliotheken und Buchhandlungen Väter durch konkrete Angebote davon überzeugen sollten, wie wichtig ein väterliches Vorleseengagement wäre. Auf diese Art würde man deutlich mehr Väter erreichen. Bevor ich dazu komme, berichte ich anhand eines konkreten Fallbeispiels, wie sich Jungs entwickeln können, wenn Väter vorlesen.

## Was passieren kann, wenn Väter vorlesen

Eine Art Tagebucheintrag aus dem Sommer 2012:

Die Sonne scheint ausnahmsweise im Nationalpark Berchtesgaden. Ich sitze auf einem Gartenstuhl auf der Terrasse der Gotzenalm, einer klassischen Wanderhütte in 1700 Metern Höhe, und lese vor der spektakulären Kulisse der bayerischen Alpen. Ich habe die Beine hochgelegt, trinke Kaffee und staune über die Sprachgewalt von Charles Dickens. *Große Erwartungen* (in der neuen Übersetzung von Melanie Walz und in der wunderschönen Ausgabe der Büchergilde) ist ein Buch, das einfach Spaß bringt. Es ist mit feinem Humor geschrieben, und obwohl die Geschichte um das Waisenkind Pip zu Beginn trostloser nicht sein könnte und in einem anderen Jahrhundert spielt, hat man das Gefühl, ständig dabei zu sein.

Ich lese. Stundenlang. Und das ist ein fast schon unverschämtes Glück. Denn ich bin nicht allein unterwegs. Das Gegenteil ist der Fall. Ich bin mit einer Gruppe unterwegs. Gruppenreisen schließen entspannte, stille Nachmittage ja eigentlich per se aus. Und Gruppenreisen mit Kindern schließen eigentlich sogar freie Minuten aus. Die vier Väter, die mit zwei Betreuern und fünf Kindern zwischen acht und dreizehn die Gruppe bilden, lesen oder blättern in irgendwelchen Zeitschriften. Jeder für sich.

Aber wo sind die Kinder? Ich sehe sie nicht. Ich höre sie nicht. Dabei sieht und hört man sie doch eigentlich immer. Sind sie etwa im Schlafraum, den wir uns teilen? Erholen sie sich dort von der Wanderung, die uns an steilen Abhängen vorbeigeführt hat? Lachen sie über mich, weil ich auf einem Schneefeld ausgerutscht und mitsamt Rucksack gestürzt und einige Meter auf dem Po weitergerutscht bin, während sie das Schneefeld auf ihren imaginären Skiern sanft herabgeglitten sind? Staunen sie noch immer über das Edelweiß, das neben unserer Picknickdecke in weißer Pracht blühte? Oder spielen sie etwa irgendwelche blöden Spiele auf dem Smartphone, das der Dreizehnjährige besitzt?

Ich habe um drei Uhr begonnen zu lesen. Jetzt ist es halb sechs. Ich frage die anderen Väter nach den Kindern. Sie haben keine Ahnung und wollen auch gar keine haben. Sie sind froh, dass sie sich, ohne genervt zu werden, ausruhen können. Ihre Kinder sind älter als mein Kind, das erst acht ist.

Im Gegensatz zu den anderen Vätern bin ich nervös geworden. Ich breche meine Lektüre ab, um nachzusehen. Um mich zu beruhigen oder Unheil zu verhindern oder angerichteten Schaden zu reparieren. Als ich unseren Schlafraum betrete, höre ich zunächst nur eine Stimme, die etwas erzählt. Sie erzählt von einem Drachen. Hören die Kinder über das Smartphone etwa ein Hörspiel? Das fände ich, obwohl ich mich an solche Geräte noch immer nicht gewöhnt habe, sogar sinnvoll. Aber es kommt besser. Viel besser. Mir kommen vor Rührung fast die Tränen, als ich sehe, was die Jungs machen. Der Zwölfjährige liest den anderen vor! Die Jungs liegen alle nebeneinander unter den Decken, und just in diesem Augenblick wird das Buch weitergereicht ... Es ist also nicht so, dass derjenige, der es am besten kann, vorliest, sondern die Jungs lesen sich gegenseitig vor! Jetzt bemerken sie mich. Mein Sohn strahlt und ruft:

»Papa ... ich habe auch schon gelesen!«

Das erstaunt mich. Er liest bei Weitem nicht so gut wie der Zwölfjährige. Vor allem ist er noch immer der Junge, der sich vorlesen lässt.

»Ach Papa, wenn wir zu Hause sind, müssen wir unbedingt das Buch kaufen. Aber jetzt kannst du gehen, wir wollen weiterlesen!«

Selten in meinem Leben war ich so verzückt darüber, irgendwo rausgeflogen zu sein. Die Jungs lesen *Eragon*. Den ersten Teil. Nach und nach werden die Väter auch dazu verdonnert vorzulesen. Aber eigentlich ... wollen die älteren Jungs lieber selbst lesen. Das heißt in diesem Fall: vorlesen! *Eragon* ist nett geschrieben. Nicht so intelligent wie Harry Potter, der einen immer wieder überrascht. Der Autor soll das Buch mit fünfzehn Jahren geschrieben haben. Na gut. Aber eigentlich ist vollkommen egal, was ich mit meinen vierzig Jahren über *Eragon* denke: Hauptsache, die Jungs sind begeistert! Sie lesen sich an drei Nachmittagen, an denen sie sich von den Wanderungen ausruhen, insgesamt knapp zweihundert Seiten vor.

Einmal erwische ich mich dabei, wie ich auf meiner Matratze sitze und den Jungs lange zusehe. Ich höre gar nicht wirklich hin, aber dass sich im Jahr 2012 Jungs derart an einem Buch berauschen können, macht mich glücklich.

Die Jungs waren übrigens sportlich. Fußballbegeistert. Kinder, die *Star Wars* mochten. Ganz normale Jungs. Mit dem einen Unterschied: Sie lasen gern, und Lesen fanden sie ziemlich cool! Dass dies so war, lag mit Sicherheit auch daran, dass sie Väter hatten, die mit Begeisterung vorgelesen und selbst gelesen haben.

# Vorleseorte für alle!

## U-Bahn geht auch

Selbstredend sollte es einen bestimmten Vorleseort geben. Ich erinnere mich noch heute daran, wie ich ungefähr fünf Jahre alt war und meine Eltern, mein Bruder und ich uns während der Weihnachtszeit ins Wohnzimmer aufs Sofa gesetzt haben und mein Vater aus *Schnüpperle* vorgelesen hat. Vierundzwanzig Geschichten bis zum 24.12.

Momentan liege ich auf dem Hochbett und lese dort meiner Tochter vor. Jeden Abend. Abgesehen von einem klassischen Vorleseort kann man natürlich auch zwischendurch immer wieder zum Buch greifen. Man sollte auch einen Büchervorrat dabei haben. Zum Beispiel einen Stapel Pixibücher. Ich hatte irgendwann in allen Jacken, Taschen und Rucksäcken immer ein ganzes Pixibuch-Arsenal dabei. Vor allem in Hamburg und Berlin, als ich mit meinen Kindern viel U- und S-Bahn gefahren bin, habe ich auf fast jeder Fahrt vorgelesen. Einmal bin ich sogar von einer älteren Dame angesprochen worden (so was kann auch ziemlich nerven), die ganz gerührt war, uns zuzuschauen, wie wir zwischen Hagenbecks Tierpark und Gänsemarkt zwei Pixibücher geschafft haben. Man kann dem Kind, das machen inzwischen viel zu viele Eltern, auch einfach ein Handy in die Hand drücken. Ist bequemer. Dann guckt es auf einem Minibildschirm Minifilmchen. Oder es spielt Unsinnsspiele. (Mag sein, dass einige Spiele nicht ganz so bescheuert sind, wie sie auf mich wirken.)

Aber ich will gar nicht so tun, als hätte ich das Gefühl gehabt, mich auf den vielen Tausend U- und S-Bahnfahrten in Hamburg und später in Berlin um meine Kinder aufopferungsvoll und selbstlos gekümmert zu haben. Das wäre schlicht gelogen. Die Wahrheit ist:

Ich habe immerzu vorgelesen, weil es mir immer Spaß gebracht hat. Ich fand diese kleinen Pixibücher oft selbst spannend und lustig, und es gibt sie ja für jedes Vorlesealter, auch für siebenjährige Kinder findet man noch die eine oder andere Geschichte. Allein über den Titel *Prinzessin Horst* kann ich heute noch lachen (siehe auch das Kapitel *Pixibücher – eine Hommage!*). Viele der kleinen Geschichten habe ich bestimmt dreißigmal vorgelesen. Immer wieder gern. Die Kinder haben sich nie gelangweilt. Ich habe mich nie gelangweilt. Und erstaunlicherweise stört sich niemand von den anderen Fahrgästen daran, wenn ein Elternteil seinem eigenen Kind vorliest. Zumindest sagt niemand etwas dagegen. Allerdings schnaube und kreische ich auch nicht, wenn ich in öffentlichen Verkehrsmitteln vorlese.

Wenn mir Autofahrer – also eigentlich alle anderen Bewohner dieses Planeten oder zumindest der Stadt Wuppertal, in der ich inzwischen lebe – mal wieder erzählen, dass man mit der Bahn ja eh nicht schneller sei und mit Bussen usw. sowieso nicht, dann staune ich immer wieder. Abgesehen von einigen Fernstrecken stimmt das zwar. Aber geht es wirklich immer nur darum, schnell irgendwo zu sein? Geht es nicht auch darum, wie man die Zeit verbringt? Ist eine Autofahrt Qualitätszeit?

Wie viel Bücher habe ich meinen Kindern allein auf Fahrten vorgelesen, während andere Kinder schneller unterwegs waren, dafür aber festgeschnallt im Kindersitz, auf dem sie dann am Nachmittag zur ungünstigsten Zeit eingeschlafen sind? Und wie viele Bücher habe ich selbst gelesen?

Wenn man auf Fahrten lesen kann, dann erreicht man immer zwei Ziele. Das reale Ziel. Und das imaginäre Ziel. Klingt mal wieder esoterisch oder ein bisschen verrückt, oder? Alle, die daran zweifeln, könnten es ja einfach mal ausprobieren. Einen Monat lang nur Bus und (U-)Bahn benutzen, um von A nach B und wieder zurück nach A zu fahren. Anschließend werden einige umdenken.

Mein prägendstes Vorleseerlebnis hatte ich in der Wuppertaler Schwebebahn zu einem Zeitpunkt, als ich meinen Kindern keine Pixibücher mehr vorgelesen habe. Neben mir saß ein brüllendes Kind, das gar nicht daran dachte, mit dem Gebrüll aufzuhören. Das

Kind war um die drei Jahre alt. Ich griff in meine Tasche, in der ich noch immer einen Vorrat verstaut hatte, und gab dem Kind ein Pixibuch. Es begann zu blättern … und hörte auf zu brüllen. Vermutlich klappt das nicht jedes Mal, denn wenn dem so wäre, dann gäbe es Pixibücher längst auf Rezept. Am Ende habe ich dem Kind das Pixibuch geschenkt. Ich befürchte, dass es auch deshalb derart fasziniert war, weil es Bücher nur selten zur Hand nahm. Allein diese Episode zeigt aber, dass *alle* Kinder für Bücher und die Geschichten, die in diesen Büchern erzählt werden, empfänglich sind.

Bus- und Bahnfahrten sind allerdings nur ergänzende Vorlesezeiten. Sie ersetzen nicht das abendliche Vorlesen am Ende eines Tages, das einen zur Ruhe kommen lässt. Und dieses Vorlesen sollten aus Gründen, die ich im vorangegangenen Kapitel genannt habe, die Eltern übernehmen. Leider sind es in der Regel nicht die Eltern, die vorlesen. Sondern die Mütter.

Wenn weder Mütter noch Väter lesen, ist das bedauerlich. Aber zum Glück gibt es Orte, an denen trotzdem vorgelesen wird. Einige dieser Orte – Buchhandlungen, Bibliotheken und Buchmessen – werden freiwillig aufgesucht. In der Regel von Kindern, denen auch zu Hause vorgelesen wird.

Kindertagesstätten und Grundschulen werden nicht freiwillig aufgesucht, aber die meisten Kinder gehen dennoch gern hin. An diesen Orten wird ihnen auch vorgelesen. Manchmal sogar viel vorgelesen. Aber auch diese Sache hat leider einen kleinen Haken.

## Kindertagesstätten

Früher hießen Kindertagesstätten Kindergärten und Erzieherinnen Kindergärtnerinnen. Seltsam, dass man diese Begriffe nicht gelassen hat, wie sie sind. Mit einem Garten verbindet man doch nur Positives. Und wenn eine Kindergärtnerin aus einem stillen, blassen Kind ein fröhliches Kind macht, dem man die Lebensfreude ansieht, dann ist es doch ein wenig so, wie wenn im Garten die ersten Pflanzen blühen. Im Vergleich zu Kindergarten klingt Kindertagesstätte nach Aufbewahrung.

Egal. In Kindertagesstätten (Kitas) ist in der Regel das Vorlesen ritualisiert. Oft legen sich die Kinder mittags hin und schlafen. In der letzten Kita, in der meine Tochter war, wurde immer vorgelesen, sobald die Kinder unter ihren Decken lagen. Meines Wissens jeden Tag. Es gab auch andere Momente, die zum Vorlesen genutzt wurden. Das Gebäude, in dem die Kita untergebracht war, war eigentlich viel zu klein für fast vierzig Kinder, vier Erzieherinnen und Praktikantinnen. Aber dennoch hatte sich die Kitaleitung dazu entschieden, einen Raum als Bibliothek zu nutzen. Als Minibibliothek sozusagen. Eine weise Entscheidung. So wurde den Kindern in dieser Einrichtung nicht nur ritualisiert vorgelesen, sondern sie kamen auch früh in Kontakt mit Büchern.

Diese Idee halte ich für absolut nachahmenswert. Wahrscheinlich gäbe es sogar einige Eltern, die Bücher spenden würden. So würde der Bestand immer wieder ergänzt, was für die Kinder, aber auch für die Erzieherinnen durchaus spannend sein könnte. Die älteren Kinder, also die Fünf- bis Sechsjährigen, könnten bereits eine Art Bibliotheksdienst übernehmen und den dreijährigen Kindern bei ihrer Auswahl helfen oder gemeinsam mit ihnen in Büchern blättern. Eine Kinderbibliothek in einer Kindertagesstätte ist eine Ruhe- und Stöberoase für die ganz Kleinen und führt Kinder liebevoll und ganz unaufdringlich an Bücher heran. Eine kleine, gemütliche Bibliothek, in der jede Woche ein neues »Lieblingsbuch der Woche!« ausgestellt sein könnte, sollte in jeder Kindertagesstätte eingerichtet werden. Und mit dem Geld, das der Staat durch die Abschaffung des Betreuungsgeldes anderweitig sinnvoll einsetzen kann, und mithilfe der Eltern könnten solche Bibliotheken auch finanziert beziehungsweise ausgestattet werden. Und vermutlich bliebe noch viel Geld übrig, um mehr engagierte Erzieherinnen einzustellen.

Aber auch ohne Kita-Bibliotheken leisten die Erzieherinnen in Hinblick auf die Lesesozialisation der Kinder unglaublich wertvolle Arbeit. Vor allem vor dem Hintergrund, dass die Wahrscheinlichkeit für Kinder in »bildungsfernen Elternhäusern wie auch in Familien mit spezifischem, v. a. türkischem Migrationshintergrund, besonders hoch ist, dass ihre Eltern ihnen keine Geschichten vorlesen und erzählen«[18], kann die Arbeit in den Kindertagesstätten gar nicht hoch genug eingeschätzt werden.

Bedauerlicherweise können sie das Vorlesedefizit in den Familien aber nicht komplett ausgleichen. Denn zum einen kommen zu viele dieser Kinder erst mit drei Jahren in die Kita – das ist eigentlich zu spät, wenn ihnen vorher nie vorgelesen wurde. Zum anderen ist und bleibt es ein Problem, dass für Kinder mit »bildungsfernen Eltern« (schreckliches Wort – aber mir fällt kein besseres ein) ein männliches Lesevorbild vor allem für die Jungs von noch wesentlich zentralerer Bedeutung wäre als dies bei gleichaltrigen Lehrer- und Arztsöhnen der Fall ist.

Männliche Erzieher gibt es allerdings kaum. Bedingt durch zahlreiche Umzüge waren meine Tochter und mein Sohn in insgesamt vier unterschiedlichen Kitas. In Hamburg gab es in der größten Einrichtung, die eines meiner Kinder besucht hat, *einen* männlichen Erzieher. In den anderen Einrichtungen keinen einzigen! Meine Tochter ist erst in Berlin geboren worden. Weder in der Berliner Einrichtung noch in den beiden Wuppertaler Kitas gab es männliche Erzieher. Vermutlich denkt sie, dass es so etwas gar nicht gibt. Die Gründe dafür sind bekannt: wenig Geld, wenig Aufstiegschancen! Auch deshalb ist es so wichtig, dass Erzieherinnen besser bezahlt werden.

Ich bin allerdings gar kein Erzieher. Deshalb ist es nun an der Zeit, einen zu Wort kommen zu lassen. Und zwar einen Mann! Bei meinen Recherchen bin ich auf Klaus Ullmann gestoßen, der sich wie folgt äußert:

[…] Bücher und das Vorlesen von Büchern ist für mich als Erzieher nicht nur ein Angebot, das von Zeit zu Zeit stattfindet, sondern vielmehr ein Werkzeug, das ich beinahe täglich und in verschiedensten Situationen zur Gestaltung des Alltags einsetze. Denn Bücher transportieren nicht nur eine Geschichte oder Sachinformationen, sondern auch Stimmungen und Emotionen. […]

---

18  *Vorlesen im Kinderalltag,* a. a. O., S. 68.

Ich lese die Bücher daher oft gezielt vor, um aktuelle Themen der Kinder aufzugreifen und sie darüber zum Erzählen und Verarbeiten ihrer Lebenswirklichkeit zu animieren. [...]

Häufig nutze ich Bücher, um den Kindern eine Ruhephase zu ermöglichen. Allein das Fokussieren der Aufmerksamkeit auf eine Geschichte bringt ausgesprochen viel Ruhe in die Gruppe, gerade dann, wenn die Kinder unmittelbar vorher noch sehr aktiv waren. Besonders nützlich ist dieser Effekt, bevor Krippenkinder schlafen gehen: Die gute alte Gutenachtgeschichte wirkt auch bei 15 Kindern auf einmal Wunder!

Kinder erreicht man mit Büchern vor allem dann, wenn man ihre aktuellen Bedürfnisse, Interessen und Stimmungen aufgreift. Sehr beliebt bei den Kindern sind Wimmelbücher, die möglichst viele Alltagssituationen darstellen, aber auch Szenen zeigen, in denen die Regeln, die für Kinder gelten, gebrochen werden. Die Begeisterung der Kinder in meiner Gruppe kennt kein Halten, wenn sie in einem Wimmelbuch streitende Kinder oder Räuber entdecken.

In den letzten Wochen haben sich die Kinder im Freispiel sehr häufig mit dem Thema Spannung und Furcht beschäftigt. Ein Buch, das eine Familie zeigt, die einen Bären jagt und anschließend selbst von dem Bären gejagt wird und sich im letzten Moment ins sichere Bett rettet, war ein beliebtes und wichtiges Ventil. Denn beim Vorlesen konnte ich gezielt die ansteigende Spannung steuern und die Erleichterung zum Ende der Geschichte ausdehnen und auskosten.

Wie sehr die Kinder diese Geschichte verinnerlicht hatten, konnte ich nach nur wenigen Tagen erkennen, als die Kinder sich das Buch nahmen und sich gegenseitig »vorlasen«. Selbstverständlich konnten die Kinder die Geschichte schon zu weiten Teilen auswendig.

Letztendlich ist auch die Art des Vorlesens wichtig, denn sie ermöglicht den Kindern unterschiedliche Herangehensweisen an ein Buch und erzeugt somit auch unterschiedliche Lern- und Erfahrungseffekte.

Wollen nur wenige Kinder vorgelesen bekommen, lasse ich die Kinder neben mir oder auf meinem Schoß Platz nehmen. So sitzen sie nah am Buch und können ihre Aufmerksamkeit auf kleine Details lenken und direkt Fragen an mich richten.

Große Gruppen lasse ich im Halbkreis vor mir sitzen. Das Buch halte ich ihnen entgegen und muss es somit über Kopf lesen. Mit dieser Art des »Bilderbuchkinos« können alle Kinder am Buch teilhaben. Noch während der Geschichte beginnen die Kinder miteinander über das Buch zu sprechen, machen sich auf verschiedene Details aufmerksam und beginnen sogar über die Geschichte zu diskutieren. […]

Wenn man das Vorlesen in Kindertageseinrichtungen mit ein wenig Planung angeht und die Kinder bei der Auswahl der Bücher mit einbezieht, ist es also keine Zauberei, eine große Gruppe von Kindern mit einer Geschichte oder einem Bilderbuch zu erreichen, die nötige Ruhe stellt sich dann wie von selbst ein.

Was wäre die Welt ohne Bücher?[19]

Um Missverständnissen vorzubeugen, möchte ich an dieser Stelle ausdrücklich die Arbeit der vielen Tausend vorlesenden Erzieherinnen erneut würdigen. Es ist so unglaublich wichtig, dass sie zumindest versuchen, familiäre Vorlesedefizite auszugleichen. Dennoch wäre es mit Sicherheit sinnvoll, wenn Klaus Ullmann nicht einer von ganz wenigen männlichen Erziehern wäre oder wenn Kitaleitungen wegen des Mangels an männlichen Erziehern quasi als punktuellen Ersatz Väter ermuntern, einmal wöchentlich vorzulesen. Man fände bestimmt in jeder Einrichtung zwei oder drei Väter, die dazu Lust und auch Zeit hätten. Es ist ja überhaupt nicht so, dass Väter sich in Kitas nicht engagieren. Sie helfen oft beim Auf- und Abbau, wenn es mal wieder etwas zu feiern gibt. Das sollen sie auch ruhig weiterhin tun. Ich befürchte allerdings, dass viele Väter wirklich denken,

---

19 Ich habe seinen langen Beitrag ein wenig gekürzt, den vollständigen Text finden Sie hier: http://blog.ellermann.de/2014/07/22/vorlesen-im-kindergarten/ (Abruf: Juni 2015).

Vorlesen sei Frauensache und dass sie deshalb nie von selbst auf die Idee kämen, ein solches Engagement anzubieten. Deshalb sollten Kitaleitungen oder die Erzieherinnen aus dem Freitag einen »Papa-liest-vor«-Tag machen. Wenn die Kinder ein buntes Bild malen mit einem kleinen Aufruf an die Papas und das bunte Bild an die Garderobe hängen, dann melden sich mit Sicherheit einige. Und nachdem sie das erste Mal vorgelesen haben, wollen sie es wahrscheinlich immer wieder tun. Ich habe dergleichen leider nicht getan und auch nie angeboten. Aber ich habe oft ersten Klassen vorgelesen. Und diese Vorleseerlebnisse gehörten und gehören noch immer zu meinen schönsten Vorleseerfahrungen. Eine Lesung in einer Kita stelle ich mir ähnlich vor. Weil die Kinder in dem Alter einfach unglaublich begeisterungsfähig und dankbar sind.

Auch besondere Aktionen sind immer gut (obwohl sie das regelmäßige Vorlesen natürlich nicht ersetzen): Zwei Fußballer des 1. FC St. Pauli haben zum Beispiel in einer Hamburger Kita Bücher verteilt und daraus vorgelesen.[20] Wie faszinierend muss es vor allem für die kleinen Jungs gewesen sein, Fußballprofis vorlesend zu erleben? Und wie groß wäre erst der Effekt, wenn Thomas Müller oder Marco Reus oder Ilkay Gündogan oder die Boatengs oder Arjen Robben mit holländischem oder Franck Ribery mit französischem Akzent oder viele weitere Fußballprofis und andere Sportler einmal im Monat morgens eine halbe Stunde in Kitas vorlesen würden? Ihrem Ruf würde es gewiss nicht schaden, für die Fußballprofis wäre es eine vermutlich recht lustige Abwechslung, die Kitas würden profitieren, und wenn einige der Kinder dann anschließend ihren Idolen nacheifern und selbst manchmal zum Buch greifen würden, hätten alle etwas davon. Vor allem die Kinder selbst.

Kitagruppen sieht man oft in der Stadt: Manchmal üben sie, über die Straße zu gehen. Das ist … ganz wichtig! Oft erkunden sie die umliegende Natur, und wenn es nicht viel Natur gibt, dann erkunden sie eben das bisschen Natur, das in manchen Asphaltwüsten

20  http://blog.ellermann.de/2014/12/02/vorleseaktion-mit-dem-1-fc-st-pauli/ (Abruf: Juni 2015)

übriggeblieben ist. Und das ist … ebenfalls ganz wichtig! Eher selten hört man davon, dass Kitas eine »Exkursion« in eine Bibliothek oder gar zum lokalen Buchhändler machen. Das wäre aber auch wichtig. So lernen Kinder frühzeitig, dass man in Bibliotheken nicht nur tolle Bücher findet, sondern dass man dort auch Menschen begegnet. Dasselbe trifft auf Buchhandlungen zu, von denen die meisten mit Sicherheit gern mit Kitas kooperieren würden, um Kindern von klein auf zu zeigen, dass es Alternativen zu Amazon gibt. (Dazu komme ich noch.)

Fest steht: Ohne die Kindertagesstätten gäbe es einige Kinder, denen bis zu ihrem sechsten Lebensjahr gar nicht und viele Kinder, denen nur selten vorgelesen worden wäre. Ich hoffe sehr, dass die Kindertagesstätten auch in Zukunft Orte bleiben, an denen Kinder erfahren, wie wunderbar es ist, sich Geschichten anzuhören, und was für ein schönes Erlebnis es sein kann, anschließend gemeinsam über diese Geschichten zu sprechen. Sowohl mit Gleichaltrigen als auch mit den Erzieherinnen. Und abends können sie ihren Eltern davon erzählen.

## Grundschulen

Für die Grundschulen gilt Ähnliches wie für die Kitas. Und auch die Probleme sind ähnlich. Die meisten Grundschullehrer sind Grundschullehrerinnen. Und das ist eigentlich besonders schade und unverständlich, weil man gerade an der Grundschule Kinder unterrichtet, die neugierig sind. Die vor allem in der ersten und zweiten Klasse definitiv nicht für Noten lernen (weil es sie meistens und zum Glück noch nicht gibt), sondern weil sie alles, was neu ist, aufsaugen und weil es für sie ein kleines Abenteuer ist, Buchstaben zu Wörtern zusammenzufügen und irgendwann plötzlich festzustellen: »Huch … ich habe ja das Wort gelesen … und den Satz … den verstehe ich ja auch … !« Aber was beklage ich mich: Ich selbst habe mich ja auch dafür entschieden, Gymnasiallehrer zu werden. Und ja, ich bereue es. Denn je älter die Schüler werden, desto seltener geht es um Inhalte, weil es eigentlich nur noch um Ziffern geht.

Dass ich Grundschullehrer hätte werden sollen, merke ich immer dann, wenn ich an der Grundschule bin. Und dort bin ich, wenn ich es schaffe, einmal pro Woche. Dann üben andere Eltern und ich mit den Kindern lesen. Und es bereitet eine so große Freude, die Kinder dabei zu begleiten, wie sie sich langsam, aber stetig entwickeln. Schon in der ersten Klasse bot ich an, die Leseübestunden mit ein paar Kapiteln aus dem Hotzenplotz abzuschließen. Selten hatte ich das Gefühl, derart offene Türen einzurennen. Die Lehrerin war begeistert, und ich las jede Woche vor. Einer jauchzenden Klasse. Einer Klasse, die sich auf diese wöchentliche Vorleseeinheit so sehr freute wie ich mich selbst.

Irgendwann klagte die Lehrerin, dass sie es selbst nicht mehr schaffe, regelmäßig (also täglich) vorzulesen. Das ist schade, liegt aber auch daran, dass Grundschullehrerinnen natürlich Ziele erreichen sollen, damit die Schüler dann fit sind für die weiterführende Schule.

Lesen und schreiben lernen sollte und muss begleitet werden durch regelmäßiges Vorlesen. Grundschullehrerinnen sollten dafür genügend Zeit bekommen. Oder es sollte alternativ tatsächlich eine offizielle Vorlesestunde eingeführt werden. Dann findet das Vorlesen zwar nicht mehr täglich, dafür aber regelmäßig zu einem bestimmten Zeitpunkt statt. Montagmorgens, wenn die Schüler (und Lehrerinnen) besonders müde sind, böte sich zum Beispiel an. Und freitags in der letzten Stunde vor dem Wochenende als krönender Abschluss.

Und natürlich gibt es viele Möglichkeiten, Kindern zu zeigen, dass Lesen etwas Spannendes und Abenteuerliches ist. In der zweiten Klasse ist an der Schule meiner Tochter zum Beispiel eine Lesenacht organisiert worden. Übernachten in der Schule. Es wird vorgelesen und selbst gelesen. Mehr Engagement kann man von Lehrerinnen nicht verlangen.

Obwohl vermutlich 99 % aller Grundschullehrerinnen trainierte und mit Sicherheit vorzügliche Vorleserinnen sind, wäre es auch an den Grundschulen wichtig, dass man Väter mit ins Boot holt. Männer, die aus Büchern vorlesen. Wenn die Kinder so etwas zu Hause nicht erleben, weil nur die Mutter oder niemand vorliest, und wenn sie so etwas dann auch nicht in den Kitas erleben, weil nur

Frauen Lust auf diesen wichtigen und vermutlich befriedigenden, aber schlecht bezahlten Beruf haben, dann wird es langsam zu einem Problem, wenn auch an der Grundschule das Vorlesen und damit auch das Lesen beziehungsweise das Thema ›Bücher‹ ausschließlich mit Frauen in Verbindung gebracht wird.

Grundschulen haben viele Möglichkeiten, für das Lesen und für Bücher zu werben (und viele nutzen diese Möglichkeiten auch). Kooperationen mit Bibliotheken und Buchhandlungen bieten sich immer an – an dieser Stelle seien einige Beispiele genannt, vertiefend dann in den jeweiligen Kapiteln:

In Wuppertal besuchen alle ersten Klassen die hiesigen Bibliotheken. Dort wird ihnen die Bibliothek gezeigt und es wird ihnen vorgelesen. Spätestens mit sechs Jahren lernt jedes Wuppertaler Kind den Ort kennen, wo es am ehesten an Bücher kommt.

Die Wuppertaler Buchhandlung v. Mackensen[21] lädt jedes Jahr vierte Klassen zu einer Veranstaltung mit Büchern ein. Dort wird nicht unbedingt vorgelesen, sondern es geht meistens darum, dass die Viertklässler eine Buchhandlung betreten. Solche »Kooperationen« gibt es in vielen Städten und Orten, und dort, wo es sie noch nicht gibt, sollte man heute damit beginnen, sie ins Leben zu rufen. Niemand muss es aus hehren Motiven machen. Denn diese Kooperationen sind absolute Win-Win-Situationen.

Thomas Müller und Konsorten stießen in Grundschulen übrigens auf ähnliche Begeisterung wie in Kitas. Ich könnte mir sogar vorstellen, dass viele Fußballspieler (und andere Sportler) ganz begeistert und auch erstaunt wären, wie abenteuerlich es ist, dreißig Siebenjährigen vorzulesen. Das kann Thomas Müller nicht jeden Tag machen. Und es muss auch nicht gleich Thomas Müller sein, der bei Bayern München spielt, die Champions League gewonnen hat und Weltmeister geworden ist. In Flensburg, Kiel und inzwischen auch Wuppertal böten sich sowieso eher die Handball- und in Tübingen eher Basketballspieler an. Wenn man Profisport – und Profisportler sind für die späteren Lesemuffel die größten Vorbilder – und Vor-

---

21  http://www.mackensen.de/

lesen miteinander verknüpfen könnte, täten die Profisportler etwas für ihren Ruf und noch viel mehr für die Kinder.

Die meisten Grundschulen haben einen Förderverein. Viele der Autoren, die in diesem Buch zu Wort kommen, lesen erklärtermaßen gern in Grundschulen. Da sie Autoren sind und auch davon leben müssen, können sie nicht an dreihundert Schulen im Jahr lesen, weil sie ja auch noch Bücher schreiben müssen, und umsonst werden sie es auch nicht oder höchstens in Ausnahmefällen tun. Aber ich kann fast garantieren, dass es sich immer lohnt! Oliver Scherz habe ich auf der Leipziger Buchmesse (2015) erlebt, wie er den Preis als bester Vorlesekünstler bekommen hat. Die Kinder flippen wahrscheinlich jedes Mal aus, wenn sie ihn in Aktion sehen. Und einige von ihnen würden schon am selben Nachmittag ihre Eltern zum nächsten Buchhändler zerren oder vorschlagen, endlich mal wieder in die Bibliothek zu gehen. Das ist besser und langfristig garantiert beglückender, als wenn die Kinder am Touchscreen irgendwelche Punkte verschieben oder ihren Daumen trainieren, weil sie mit ihm einen virtuellen Hindernisläufer steuern …

Jedes Kind sollte in seiner Grundschulzeit mindestens einmal in den Genuss gekommen sein, einen Kinderbuchautor zu erleben. Also denjenigen, der sich die verrückten Figuren und Geschichten ausgedacht hat. Meine Grundschulzeit liegt 35 Jahre zurück. An den Tag, an dem ein Kinderbuchautor an die Schule kam, erinnere ich mich noch heute. Er hat uns gezeigt, wie seine Bilder entstehen und uns gefragt, wie lange es unserer Meinung nach dauere, ein solches Buch zu schreiben und zu illustrieren, und ein Schüler antwortete: »Bestimmt zwei Stunden!«

35 Jahre ist es her … Leider weiß ich nicht mehr, wer dieser Autor war.

## Weiterführende Schulen

Es gibt viele Möglichkeiten, Kinder für das Lesen und für Bücher zu begeistern. Kitas und Grundschulen leisten ungeheuer viel. An weiterführenden Schulen geschieht dann manchmal leider das Gegenteil: Die Lust auf das Lesen und auf Bücher wird erstickt. Dabei wäre es gar nicht so kompliziert, diese Begeisterung aufrecht zu erhalten.

Auch an weiterführenden Schulen kommt Lehrern in Hinblick auf die Entfachung der Lesebegeisterung eine absolut zentrale Bedeutung zu. Obwohl ich dazu neige, in der Vergangenheit zu schwelgen und über meine Schulzeit am liebsten ganze Romane schreiben würde, werde ich mir Mühe geben, mich kurz zu fassen und bei der Würdigung des Einflusses meiner Deutschlehrer auf meine Begeisterung für Bücher nicht allzu sehr abzuschweifen.

Fünfte und sechste Klasse: Frau Hansen hat immer wieder versucht, uns jenseits von schlecht ausfallenden Grammatikarbeiten und noch schlechter ausfallenden Diktaten[22] für Bücher zu sensibilisieren. Es gelang ihr, uns Archibald Douglas[23] nahezubringen, und zwar indem sie das tat, was für alle Lehrer Pflicht sein sollte: Sie ließ uns das Gedicht »spielen«. Außerdem nahm sie mit unserer Klasse am Vorlesewettbewerb teil. Jeder einzelne Schüler sollte aus einem Buch seiner Wahl vorlesen. Die besten sechs (dazu gehörte ich) kamen in den Endausscheid und lasen vor dem Leistungskurs der Lehrerin. Anschließend blieben zwei Schüler übrig. (Dazu gehörte ich nicht.) Ich erinnere mich noch heute daran. Warum? Weil das Vorlesen in diesem Moment aufregend und spannend war. Ich habe übrigens aus *Schnüpperle* vorgelesen. Der spätere Sieger aus allen drei sechsten Klassen aus *Der kleine Nick*. Und natürlich mussten wir Bücher vorstellen. Ich selbst stellte vermutlich einen eher schlechten Krimi von Edgar Wallace vor.

Siebente und achte Klasse: Herr Peters, der noch im Zweiten Weltkrieg gekämpft hat, ließ uns oft in Stillarbeit während des Unterrichts lesen und fragte anschließend, was passiert sei. Das ging gar nicht.

Neunte und zehnte Klasse: Herrn Polenz gelang das Kunststück, uns zu beweisen, dass *Katz und Maus* von Günter Grass eine Novelle

---

22 Meine allererste Klassenarbeit auf der weiterführenden Schule war übrigens ein Diktat. Ich hatte eine Fünf. (Aber anschließend ging es aufwärts.)

23 Eine Ballade von Theodor Fontane (aus dreiundzwanzig Strophen à vier Zeilen), die wir zu unser aller Entsetzen auswendig lernen mussten.

war, die direkt etwas mit unserer Lebenswelt zu tun hatte. Das war eine pädagogische Glanzleistung. Auch Schillers *Räuber* mochten viele von uns, vor allem, weil wir im Unterricht Szenen spielten. Nach einem Theaterbesuch – wir sahen eine Aufführung von *Der zerbrochene Krug* – schrieben wir Theaterkritiken und schickten sie dem Theater. An die Antworten erinnere ich mich nicht mehr. Aber ich erinnere mich sehr wohl daran, dass viele von uns trotz Pubertät, in der wir geradezu feststeckten, weder Schiller noch Grass noch Kleist wirklich doof fanden.

Oberstufe: Der ultimative Alptraum. Frau Huber machte alle Fehler, die man als Lehrer machen kann. Dazu gehört, Texte nur interpretieren zu lassen. Da war eine Antwort manchmal schon falsch, bevor man Gelegenheit bekam, den Text irgendwie zu mögen. Den *Tod in Venedig* zu besprechen, ohne das Thema Homosexualität zu thematisieren – das war zum Beispiel ein geradezu raffinierter Schachzug, um Interesse an den Gefühlen des Protagonisten gar nicht erst aufkommen zu lassen.

Warum ich das schreibe? Weil ich eben nicht in irgendeinem schlauen Buch irgendeine Statistik entdeckt habe, die den Einfluss der Lehrer auf die Lesebegeisterung der Schüler bestätigt, sondern weil ich selbst erlebt habe, wie unglaublich viel Einfluss auch Lehrer an weiterführenden Schulen auf die Lesebegeisterung der Schüler haben können. Und jeder Lehrer profitiert von Schülern, die gern und viel lesen und sich auf längere Texte konzentrieren können. Deshalb müssen Lehrer an weiterführenden Schulen unbedingt alles Erdenkliche tun, um Schüler weiterhin für Bücher zu begeistern. Manchmal wissen Lehrer leider nicht, wie sehr sie das Leben einzelner Schüler positiv verändern können. Für das Lesen und damit für Bücher zu begeistern, das bedeutet auch, junge Menschen neugierig auf tausend verschiedene Welten zu machen. Wenn dies einem Lehrer gelingt, dann hat er Großes geleistet. Es ist die Aufgabe der Lehrer an weiterführenden Schulen, die Begeisterung für Bücher immer wieder zu entfachen.

Was es damals übrigens noch nicht gab, sind Lesetagebücher. Heute lassen viele Lehrer Lesetagebücher führen, und das ist gut so.

Sie erlauben es Schülern, schrittweise und oft im eigenen Tempo mit einem Buch warm zu werden und bei der Lektüre auch eigene Schwerpunkte zu setzen.

Abgesehen davon wird sich der Unterricht von damals vom heutigen nur darin unterscheiden, dass man heute auch über Literatur in Gruppenarbeit spricht beziehungsweise in Gruppenarbeit Szenen oder Passagen analysiert – und dass man ab einem gewissen Alter PowerPoint-Referate über bestimmte Themen hält.

Allerdings wird an weiterführenden Schulen – und das ist bedauerlich! – eigentlich nur noch in Ausnahmefällen vorgelesen. Niemand von den erwähnten Lehrern hat selbst vorgelesen. Vielleicht erinnere ich mich nicht mehr daran, aber da ich mich an viele Details meiner Schulzeit erinnere, gehe ich davon aus, dass ich mich an regelmäßige Vorlesestunden auf jeden Fall erinnert hätte. Die gab es nicht. Ich erinnere mich nur daran, dass uns in den Weihnachtsstunden manchmal vorgelesen worden ist. Immerhin. Auch Lehrer an weiterführenden Schulen müssen aber vorlesen. Denn Jungs und Mädchen entwickeln vor allem in den Klassen 7–10, aber oft auch schon ab der fünften Klasse eine Abneigung gegen alles, was irgendwie uncool sein könnte. Und Lesen gilt, wie ich schon erwähnt habe, als uncool. Als ziemlich uncool sogar. Diesem nicht gerade förderlichen Image könnten Lehrer entgegenwirken, indem sie vorlesen. Auch hier gilt, dass es zwar begrüßenswert ist, wenn die 58-jährige Oberstudienrätin, die Deutsch und Religion unterrichtet, den Sechstklässlern etwas vorliest, aber das wäre eben auch irgendwie typisch. Wichtiger wäre es, wenn auch der 29-jährige Referendar, der die Neuntklässler beim Fußball wie Slalomstangen stehen lässt, mal etwas vorliest. Geeignetes gibt es für jedes Fach. Sportlehrer könnten zum Beispiel eine der zahlreichen Ringkampf-Szenen aus John Irvings Romanen vorlesen. Oder aus Nick Hornbys *Fever Pitch*. Ist allerdings eher etwas für die Oberstufe. Dort könnte man es sogar auf Englisch vorlesen. In *Nelson und Mandela* von Hermann Schulz geht es um Fußball, und dieses Buch ist geeignet für Fünftklässler – und zwar sowohl für Mädchen als auch für Jungs. Das, was man vorliest, muss auch gar nicht zum eigenen Fach oder zum Unterricht passen. Man kann ja einfach mal am Ende einer anstrengenden und schlauchenden Doppelstunde vorlesen. Wenn es einem auf diese Weise gelingt, Schüler für Bücher zu begeistern, dann schenkt man den Schülern viele Stunden, in denen sie sich einfach mal verlieren und entspannen können. Und Lehrer schenken sich langfristig Schüler, die sich länger als sechs Minuten auf etwas konzentrieren können.

Ich selbst lese in der Regel vor Weihnachten und auch vor den Sommerferien vor. Und ich stelle immer wieder erstaunt fest: Selbst Zehntklässler lassen sich begeistern. Zum Beispiel von *Wir Kinder vom Bahnhof Zoo*. Auch in den Klassenstufen 11–13 lese ich vor. Unter anderem aus Feridun Zaimoglu *Abschaum*. Das sind kurze, harte Texte. Manchmal begleitend zum Unterricht aus *Im Westen nichts Neues*. Ich habe sogar schon mal Listen verteilt, in die die zu dem Zeitpunkt durchweg volljährigen Schüler Titel eintragen sollten, die sie vor Weihnachten vorzulesen beabsichtigten. Und dann lasen sie vor. Aus Fußballbiografien, aus Stieg Larssons *Milleniums-Trilogie* und auch aus *Harry Potter*.

Schüler hören sich übrigens gern zu. Deshalb halte ich es auch für wichtig, dass sich zum Beispiel in der Weihnachtszeit entweder Schüler gegenseitig vorlesen oder dass ältere Schüler jüngeren vorlesen. Zehntklässler, die Fünft- und Sechstklässlern, Elftklässler, die Siebt- und Achtklässlern und besonders selbstbewusste Zwölftklässler, die einer wilden Horde pubertierender Neuntklässler vorlesen – das wäre doch etwas. Die Schule würde sich in ein Vorleseparadies verwandeln. An vielen Schulen gibt es inzwischen Konfliktschlichter. Das sind Schüler, die zwischen Schülern vermitteln. Es sollte auch Lesescouts geben, die zum Beispiel Leseveranstaltungen an den Schulen oder einen Büchertausch organisieren. In einigen Bundesländern wird die »Ausbildung zum Lesescout« erfreulicherweise bereits aktiv gefördert.[24] Vielleicht werden ja irgendwann *alle* Bundesländer einen Sinn in einer solch gezielten Förderung sehen.

---

24 Informationen zu diversen Aktionen finden Sie hier: https://www.stiftung-lesen.de/programmbereich/jugend-und-freizeit/lesescouts

Natürlich habe ich in meiner kleinen Umfrage zum Thema ›Vorlesen‹ auch die Frage gestellt, was denn organisiert werden könnte, damit möglichst vielen Kindern vorgelesen wird. Viele der Antworten zeigen, dass auch die Expertinnen und Experten (damit meine ich alle, die ich in der Danksagung erwähnt habe) die Schule für den Ort halten, dem nach dem Elternhaus besonders große Bedeutung zukommt.

Martina Riegert und Martin Vögele empfehlen zum Beispiel ebenfalls ein »Lesepaten-System in den Schulen« und sind der Meinung, dass »Schullesungen von Kinder- und Jugendbuchautoren zu einem festen Bestandteil des Schuljahres« gemacht werden sollten. Der Meinung schließt sich Oliver Scherz an, den es entsetzt hat, dass er an Schulen gelesen hat, an denen »seit zehn Jahren keine Lesungen veranstaltet worden sind«. Und auch er vertritt die Meinung, dass Schulen mit »örtlichen Bibliotheken oder den Buchhandlungen kooperieren« sollten. Meike Dannenberg findet »Autorenlesungen in höheren Klassenstufen« wichtig, weil Jugendlichen so die Möglichkeit gegeben wird, Fragen »zur Entstehung der Bücher« zu stellen.

All das wünsche und fordere ich auch! Darüber hinaus sollte es aus vielen Gründen tatsächlich das Fach ›Vorlesen‹ geben. Ich weiß selbst, dass ungefähr jede Woche vorgeschlagen wird, ein neues Schulfach einzuführen. Aber die Argumente für das Schulfach ›Vorlesen‹ sind so einleuchtend, dass mein diesbezüglicher Aufruf sogar vom Tagesspiegel (am 18.03.2014) gebracht worden ist. Hier ist er leicht gekürzt:

### Literatur erleben und zur Ruhe kommen

Es ist erstaunlich, wie einig sich alle Experten sind. Wirklich niemand zweifelt daran, dass das Vorlesen wichtig ist für die Entwicklung von Kindern. Das Bundesministerium für Bildung und Forschung hat anlässlich des Vorlesetags im Jahr 2013 Eltern dazu aufgerufen, mit ihren Kindern Bibliotheken aufzusuchen und sich dort mit »Lesestart-Sets« auszurüsten. Auf diese Weise sollen Eltern zum Vorlesen motiviert und Kinder an Bücher herangeführt werden.

In Berlin hat die alte und neue Bundesbildungsministerin, Johanna Wanka, in der Zentral- und Landesbibliothek Berlin solche Sets höchstpersönlich übergeben.

Bleibt zu hoffen, dass es sich bei diesem Akt um mehr als eine symbolische Geste gehandelt hat.

In zahlreichen Publikationen und Studien zum Thema [...] geht es um die Bedeutung des Vorlesens für die Entwicklung von Kindern. Die Ergebnisse sind nicht überraschend. Es wird bestätigt, dass das Vorlesen sowohl die Lesefreude als auch das Leseverhalten fördert und dass es sich positiv auf den Erfolg in der Schule auswirkt. [...]

Wenn aber die Vorzüge derart offensichtlich sind: Warum gibt es dann keinen offiziellen Vorleseunterricht? Oder wenigstens eine offizielle Vorlesestunde? In Grundschulen mag das inoffiziell gang und gäbe sein, aber in der Regel wird schon in der fünften Klasse nicht mehr regelmäßig an Schulen vorgelesen, und spätestens in der siebten Klasse, in der die Heranwachsenden oft Opfer des Phänomens »Knick in der Pubertät« werden und um Bücher zu ihrem eigenen Schaden einen großen Bogen machen, findet das Vorlesen an Schulen höchstens in Weihnachtsstunden statt.

Deshalb sollte besser heute als morgen [...] ernsthaft darüber debattiert werden, ob es nicht an der Zeit wäre, an weiterführenden Schulen das Fach Vorlesen einstündig verbindlich bis zur zehnten Klasse einzuführen.

Eine solche Stunde böte viele Möglichkeiten: Die kognitiven Fähigkeiten der Schüler – die heute nur noch PowerPoint-Referate präsentiert bekommen, selber präsentieren oder in Gruppen arbeiten – würden gefördert, und zwar auf angenehmste Weise. Das Fach Vorlesen könnte für fachübergreifenden Unterricht genutzt werden, wenn etwa in Geschichte der Erste Weltkrieg behandelt wird und die Schüler in der Vorlesestunde *Im Westen nichts Neues* kennenlernen. Das Fach sollte ganz nebenbei den Schülern zeigen, dass Literatur unerhört spannend und eine herrliche Alltagsflucht sein kann und dass viele Geschichten aufregender sind als das aufregendste Spiel am Bildschirm.

Eine solche Stunde wäre auch eine Ruhephase, in der die Schüler sich vom strapaziösen Schulalltag erholen können. Eine Stunde, in der ihnen erlaubt sein sollte, den nach der zweistündigen Mathe-klausur dröhnenden Kopf auf den Unterarmen ruhen zu lassen und die Augen zu schließen. Eine Stunde, auf die Schüler und Lehrer sich freuen und die das oft von Leistungs- und Notendruck geprägte Klima an Schulen verbessern würde.

Natürlich würde eine solche Stunde auch Klassengemeinschaften stärken. Die Klassen könnten sich ein Buch aussuchen und es gemeinsam lesen. Es wäre für viele Schüler eine ungewohnte Situation, vorzulesen, aber im Idealfall würden sie ihre Vorlesekompetenz und dadurch ihr Selbstbewusstsein stärken, das an Schulen viel zu oft ausschließlich durch Noten gestärkt (oder geschwächt) wird.

Dafür braucht es kein Lehrpersonal mit Vorlesediplom, sondern Menschen, die begeistert sind oder die sich begeistern lassen. Sobald jemand mit Begeisterung vorliest, ist es fast egal, ob er so fulminant betont wie Rufus Beck oder ob er manchmal stottert oder den Faden verliert. Lehrer wären in solchen Stunden nicht bloß die Notengeber, sondern plötzlich würden sie ganz anders – mensch-licher – wahrgenommen werden. Sicher finden sich in jedem Kollegium ein Dutzend Lehrer, die sich bereit erklären würden, einige Stunden ihres Deputats vorzulesen. Der Effekt wäre langfristig gewaltig.

Da in diesem Aufruf das, was ich zum Thema Schule geschrieben habe, vertieft und ergänzt worden ist, reicht es jetzt. Ich verlasse die Schulen in Richtung eines weiteren staatlich organisierten Vorlese-beziehungsweise Leseortes.

# Vorleseorte für viele!

## Öffentliche Bibliotheken

Für Zahlenliebhaber:
- 10.180 Bibliotheken gibt es in Deutschland
- 345.400 Veranstaltungen finden jährlich in Bibliotheken statt
- 700.000 Besuche zählen Bibliotheken an jedem Werktag
- 210.000.000 Menschen besuchen Bibliotheken jährlich
- 369.000.000 Medien stehen in den Bibliotheken bereit
- 467.000.000 Medien werden jährlich entliehen[25]

Die meisten der zehntausendeinhundertachtzig Bibliotheken sind Oasen. Leseoasen. Für Erwachsene. Und vor allem für Kinder und Jugendliche. Kinder- und Jugendbücher führen alle öffentlichen Bibliotheken. Je nach Größe der Bibliothek handelt es sich bei den Kinder- und Jugendbuchbereichen um Leselandschaften, die zum Verweilen einladen.[26]

Denn man kann sich dort einen ganzen Stapel Bücher oder Comics beziehungsweise Bücher *und* Comics zusammensuchen und dann in den Geschichten und Bildern versinken. Oft in einem Sessel, manchmal in riesigen Sitzkissen, in denen man mehr liegt als

---

25 Quelle: Deutsche Bibliotheksstatistik 2013, vgl. http://www.bibliotheksportal.de/home.html. Auf dieser Seite findet man übrigens auch recht zügig die nächstgelegene Bibliothek.

26 Und wo dies nicht der Fall ist, sollten sich die Bibliotheksbetreiber noch heute überlegen, wie sie den Kinder- und Jugendbereich derart spannend und aufregend gestalten, dass sich junge Menschen dort gern aufhalten. Neulich war ich in der Reiseabteilung einer Bibliothek. Dort hing kein einziges Poster an der Wand, die Bücherregale waren so grau wie der Boden und die Wände ... grässlich. Auch Erwachsene sollten sich wohl fühlen dürfen.

sitzt. Und sobald man begonnen hat, erlebt man mitten in der Stadt eine einzigartige Reise in entfernteste Welten, wo man Abenteuerliches erlebt. Und wenn man sich nicht entscheiden kann, welches Buch man mit nach Hause nimmt, dann leiht man sich halt sieben Bücher aus. Man kann in den Büchern blättern, man kann die ersten Sätze, die ersten Seiten oder die ersten Kapitel lesen, und wenn man mit diesem Vorsatz in die Bibliothek geht, dann wäre es sogar noch spannender, wenn man sich dort mit seinen Freunden trifft und über die ersten Sätze, Seiten oder Kapitel diskutiert und gern auch streitet. Jeder, der mit seinem Nachbarn schon mal länger als 35 Sekunden über ein Buch geredet hat, weiß, dass solche Gespräche recht erfrischend sind. (»Was … die Szene, in der er ihm ein Auge ausgestochen hat, fandest du zu grausam? Also ich …«)

Über Eltern, die mit ihren Kindern unter sechs Jahren Bibliotheken nur selten aufsuchen, wundere ich mich ein wenig. Denn Bibliotheken sind der ideale Ort um sich gemeinsam auszuruhen, nachdem man zuvor gestresst durch den überfüllten H&M gewankt ist oder im Supermarkt gefühlte drei Stunden in der Warteschlange an der Kasse stehen musste. Sobald man seine Einkäufe im Vorraum der Bibliothek in einem Schließfach eingeschlossen hat und endlich im Kinderbereich sitzt, fällt die ganze Einkaufshektik, die manchmal in einer Einkaufshysterie endet, von einem ab. Bibliotheken sind nicht nur Lese-, sondern auch Ruheoasen. Wenn man sich dort unterhält, dann unterhält man sich meistens leise. Von schriller Radiomusik, die nur von nervtötender Werbung oder von verstörenden Nachrichten über irgendwelche Massaker unterbrochen wird, wird man verschont. Krabbelkinder können in den Bibliotheken meistens ein wenig von der Leine gelassen werden und herumkrabbeln, und sobald die Kinder sitzen können, können sie blättern und blättern und blättern.

Da ich nie der Vater war, der gern mehrere Stunden am Stück zu Hause war, waren in Hamburg, Berlin und Wuppertal die Bibliotheken meine Anlaufstationen. Den Kindern gefiel es immer. Und mir auch. Ich fühle mich in der Umgebung von Büchern einfach wohl. Bibliotheken beruhigen mich. Und natürlich haben nicht nur die Kinder, sondern auch ich habe unglaublich viel in Bibliotheken entdeckt.

Inzwischen haben meine Kinder oft keine Lust mehr. Deshalb zwinge ich sie manchmal einfach zu ihrem Glück. Ich nehme sie mit, wenn ich etwas abgeben muss. Mein Sohn verschwindet dann immer im Jugendbereich bei den Comics. Meine Tochter sitzt im Kinderbereich und blättert in einem Buch nach dem anderen. Und dann ist es immer dasselbe: Meine Tochter motzt mich an, wenn ich aufbrechen will. Sie motzt mich ständig an (siehe auch Prolog), aber nur in der Bibliothek genieße ich ihr Gemotze.

Bibliotheken sollten aber nicht nur Ruheoasen sein, die von Lehrern mit ihren eigenen Kindern besucht werden. Bibliotheken sollten so aktiv wie möglich Kinder aus allen Schichten anlocken. Und das ist nicht besonders einfach. In der bereits oft zitierten Broschüre steht dazu:

> Das Angebot von Bibliotheken steht prinzipiell allen Kindern offen, wird aber bei Weitem nicht alle erreichen. Man kann vermuten, dass Veranstaltungen zur Sprach- und Leseförderung von Bibliotheken überproportional Kinder erreichen, deren Eltern besonders interessiert sind, seltener Kinder aus Familien, in denen Eltern selten oder nie vorlesen. Dieser Effekt wird möglicherweise durch das Angebot verstärkt: Spezielle Angebote für Kinder und Jugendliche aus lesefernen Umgebungen finden sich vergleichsweise selten. Nur jede zehnte Bibliothek (11 %) macht dezidiert Sprach- und Leseförderangebote für Kinder mit Migrationshintergrund, nur jede zwanzigste (5 %) für Kinder aus sozial benachteiligten Elternhäusern. Sieben Prozent der Bibliotheken berichten von Angeboten speziell für Jungen.[27]

Die Autoren weisen in diesem Zusammenhang darauf hin, dass Bibliotheken »nachfrageorientiert« arbeiten müssten, da »finan-

---

27 *Vorlesen im Kinderalltag*, a.a.o., S. 70. Alle weiteren Zitate in diesem Kapitel ebd. S. 70 f.

zielle Zuwendungen« sich auch nach den Besuchszahlen richten würden. Sollte das stimmen, ist das bedauerlich und … dumm. Im wahrsten Wortsinne. Denn durch die eigene Dummheit sorgt der Staat (beziehungsweise die Kommune), der das Geld ja zuwendet, dafür, dass man bestimmten Kindern Möglichkeiten, schlau zu werden, gar nicht erst anbietet. Kurzsichtiger geht es nicht mehr. Wenn zu wenige Kinder Bibliotheken besuchen, dann sollte der Staat erst recht investieren und Kindern in Bibliotheken zum Beispiel Nachhilfeunterricht anbieten. Bibliotheken wären dafür ein geeigneter Platz. In einigen Berliner Bibliotheken gibt es solch ein Angebot. Als meine Kinder noch nicht zur Schule gingen, staunte ich bereits darüber, wie zum Beispiel in der Bruno-Lösche-Bibliothek in Berlin-Mitte Kinder um Tische herum saßen, gemeinsam Hausaufgaben machten und ihnen dabei geholfen wurde. Die Chance, dass Bibliotheken auf diese Weise zu einem Treffpunkt werden, steigt, je besser das Angebot ist. Und nach der Nachhilfe können die Schüler dann bleiben, blättern und Bücher ausleihen.

Und natürlich sollten Bibliotheken Lesungen organisieren. Abends für Erwachsene, vormittags für Schulklassen, nachmittags für Jugendliche. Muss ja nicht jeden Tag sein. Aber Bibliotheken sollten unbedingt jemanden einstellen dürfen, der sich ausschließlich um solche Belange kümmert. Jemanden, der Kontakte zu Schulen knüpft. Bestenfalls zu allen Schulen im Einzugsgebiet. Die ersten Klassen einzuladen und ihnen in den Bibliotheken vorzulesen ist ganz wichtig. Es ist vor allem ein erster wichtiger Schritt. Der zweite und dritte Schritt müssen aber folgen, um die Kinder langfristig an die Bibliothek zu binden und ihnen so Zugang zu Geschichten, zu Büchern und dadurch auch zu Bildung zu gewähren. Wenn das Personal fehlt, um Klassen häufiger einzuladen, dann sparen die Städte am falschen Ende. Denn in Bibliotheken sind Kinder und Jugendliche gut aufgehoben, und viele Probleme, die einige von ihnen später eventuell verursachen, blieben dem Staat erspart. Die Aufgabe eines Schulkoordinators läge nicht nur darin, Kontakte zu den Schulen zu knüpfen, sondern auch ein Vorlesepatensystem ins Leben zu rufen. Das wäre gewiss eine Herausforderung: Die Autoren der Broschüre *Vorlesen im Kinderalltag* verweisen zwar einerseits darauf, dass »eine ehrenamtlich engagierte Person [...] oder auch Lehrkraft niemals die individuelle Zuwendung durch Eltern ersetzen kann«. Allerdings betonen sie – und genau darum geht es auch –, dass Vorleseangebote

im Sinne einer Initialzündung nachhaltig in die Familien hineinwirken. Sie führen im besten Fall dazu, dass die Eltern für das Vorlesen interessiert und gewonnen werden, darunter auch und besonders die Väter. Eine Voraussetzung dafür wäre, dass Jungen bei Vorlesestunden in der [...] Bibliothek auch männliche Vorleseakteure erleben.

Die Befunde der Studien zeigen allerdings, dass »die Realitäten noch weit von diesem Ideal entfernt« sind. Also muss man heute anfangen, das zu ändern. Man muss versuchen, die Leser und Bibliotheksbesucher und Eltern von morgen heute in die Bibliotheken zu locken. Sonst ist die einzige große Bibliothek irgendwann Amazon. Wie viele andere Menschen auch habe ich massive Vorbehalte gegen Amazon. Aber man kann natürlich toll auf der Seite stöbern. Wenn ich das tue, sitze ich allerdings allein in einem Zimmer und glotze auf einen Bildschirm. Das ist auf Dauer trostlos und einsam. Und wirklich blättern kann man auf Amazon dann ja doch nicht. Also sollten Kinder am besten in die Bibliotheken gelockt werden, bevor sie das erste Mal mit einem Smartphone spielen beziehungsweise das erste Mal im Internet surfen. Deshalb sollten schon Kitas, wenn sie selbst nicht auf die Idee kommen, unbedingt in die Bibliothek eingeladen werden.

Und es muss vorgelesen werden. Zu bestimmten Terminen und immer wieder. In Berlin gibt es in mehreren Stadtteilbibliotheken solche Lesungen.[28] In Hamburg (und in vielen anderen Städten ver-

---

28  http://www.berlin.de/stadtbibliothek-mitte/lesen-lernen/fuer-kinder/vorlesen/

mutlich) auch.[29] In Wuppertal wird samstags vorgelesen. Meistens von Frauen jenseits der fünfzig. Und es ist toll, dass die Frauen jenseits der fünfzig mit viel Geduld und Empathie auf die Kinder eingehen und versuchen, ihnen etwas zu bieten.

Aber es müssten eben doch viel häufiger Männer sein. Väter oder Schauspieler oder Lehramtsstudenten, die schon mal üben könnten. Und es sollte hin und wieder Lesungen für Jungs geben. Und wenn beim ersten Mal niemand kommt, dann versucht man es ein zweites und drittes Mal. Ich selbst habe es mehrmals in Zusammenarbeit mit der Wuppertaler Bibliothek versucht. Ein Grafikdesigner hat die Flyer gestaltet, im Radio und in den lokalen Zeitungen wurde die Lesung angekündigt, und zur ersten Veranstaltung *(Die gruseligsten Geschichten aus Harry Potter)* kamen knapp zwanzig Kinder. Allerdings kamen zur letzten Lesung nur fünf Kinder. Ich kannte alle. Das Thema war nicht mehr Harry Potter. Vielleicht lag es daran. Oder vielleicht habe ich die Kinder in den Jahren zuvor nicht überzeugt. Fest steht: Man braucht einen langen Atem, und man braucht vor allem die Schulen, die solche Veranstaltungen bewerben. Denn dort sitzen die Kinder, die dann vielleicht Lust haben und ihre Eltern nerven. Auch das wäre die Aufgabe des Schulkoordinators.

Weitere Möglichkeiten, Kinder in die Bibliothek zu locken, wären Geburtstagsangebote. Bücher gibt es wirklich für jede Altersklasse. Das Programm müsste nicht mal spektakulär klingen, um attraktiv zu sein: Erst eine Bibliotheksführung. Dann eine Bibliotheksrallye. Zum Schluss eine kleine Lesung. Wer jetzt einwendet, dass man auf diese Weise vor allem die Lehrer- und Arztkinder in die Bibliotheken lockt – der hat recht. Aber vielleicht haben die Lehrer- und Arztkinder ja auch mal ein Kind eingeladen, das Bibliotheken vorher nur vom Hörensagen kannte.

Übernachtungsangebote erfordern natürlich gigantischen Aufwand und wären ohne ehrenamtliche Hilfe nicht möglich. Aber warum sollte man die Bibliothek nicht an eine Schulklasse vermieten können? Dann könnte man sogar eine Mitternachtslesung orga-

---

29  https://www.buecherhallen.de/kibi_veranstaltungen

nisieren. Gruselgeschichten zur Geisterstunde sozusagen. Die meisten der Kinder, die dergleichen erleben dürften, kämen gewiss wieder. Vorlese- und Leseoasen für Kinder und Jugendliche sind die meisten Bibliotheken schon jetzt. Aber man könnte aus ihnen Paradiese machen. Dann wären viele Kinder und Jugendliche so fasziniert von Bibliotheken wie Kafka Tamuro, der Held aus Haruki Murakamis *Kafka am Strand*. An einer Stelle erzählt er:

> Ich will mir die Zeit bis zum Abend in einer Bibliothek vertreiben. Daher habe ich mich schon vorsorglich nach den Bibliotheken in Takamatsu erkundigt. Seit meiner Kindheit halte ich mich regelmäßig in Bibliotheken auf, denn die Orte, an denen ein Kind sich aufhalten kann, wenn es nicht nach Hause will, sind begrenzt. Da Cafés und Kinos ausscheiden, bleibt nur die öffentliche Bücherei. Sie kostet keinen Eintritt, und keiner stößt sich daran, wenn ein Kind sie alleine besucht. Man setzt sich einfach auf einen Stuhl und liest, was einem gefällt. Auf dem Heimweg von der Schule pflegte ich immer in der Stadtteilbibliothek Halt zu machen. Auch in den Ferien habe ich dort viel Zeit verbracht und nach und nach alles durchgeschmökert, was mir an Erzählungen, Romanen, Biografien und Geschichtsbüchern in die Hände fiel. [...] Die Bücherei war mein zweites Zuhause, wahrscheinlich sogar mein wahres Zuhause.«[30]

Nun müssen Bibliotheken natürlich nicht unbedingt jemandes Zuhause ersetzen, aber dass Bibliotheken viel mehr sein könnten als ein Ort, an dem man praktischerweise Bücher ausleihen kann, das finde ich schon.

---

30 Zitiert nach: Haruki Murakami, *Kafka am Strand*, Köln 2004, S. 49 f. Haruki Murakami hat übrigens auch eine Kurzgeschichte geschrieben, die *Die unheimliche Bibliothek* heißt. Die Geschichte habe ich allerdings nicht verstanden.

## Buchhandlungen

Zum Glück sind die meisten Buchhändler keine maulingen und glatz-
köpfigen Herren, die Kinder nicht ausstehen können (wie Herr Kore-
ander in *Die unendliche Geschichte*), sondern charmante, mehr oder
weniger junge Damen. Hin und wieder stößt man auch auf einen männlichen Buchhändler, aber das ist dann in der Regel »nur« der Inhaber.

Buchhandlungen verleiten dazu, Geschichten zu kaufen, um sie
dann ganz zu besitzen und einmal oder eventuell immer wieder
zu lesen. Buchhandlungen sollten wie die Bibliotheken unbedingt
auch jüngeres Publikum anlocken – nicht nur, aber auch aus rein
wirtschaftlichen Interessen: Denn wer kauft in zwanzig Jahren noch
Bücher vor Ort, wenn die heutige Kinder-Generation Buchhandlungen nicht betritt?

Buchhandlungen sollten wie die Bibliotheken unbedingt Wohl-
fühlorte sein. Und um sich wohlzufühlen, braucht man ein wenig
Platz. Den wenigen Platz, den manche kleine Buchhandlungen
haben, für Kinder attraktiv zu gestalten, kann durchaus kompliziert
sein. Kinder brauchen zum Beispiel eine gemütliche Ecke, in die sie
sich zurückziehen können, während die Eltern stöbern. Sie bräuchten dafür Stühle, vielleicht einen Schaukelstuhl, eine große Kiste mit
Büchern, in denen man auch blättern kann und darf, und vor allem
brauchen sie jemanden, der sie begeistert begrüßt. Ein Kind, das
eine Buchhandlung betritt, muss sich willkommen fühlen. Das gilt
für Supermärkte und für H&M nicht im gleichen Maße, denn etwas
zum Essen und Trinken und etwas zum Anziehen braucht man nun
mal. Ohne Bücher kann man aber zumindest überleben. Und selbst
wenn man Bücher liebt, so kann man sie auch auf Amazon bestellen,
wenn man sich in der Buchhandlung nicht wohlfühlt.

Es liegt an den Buchhandlungen, Kindern und Jugendlichen zu
zeigen, dass es viel reizvoller ist, bei ihnen zu stöbern und sich in ihrer
Buchhandlung aufzuhalten als zu Hause am PC. Amazon ist die Kon-
kurrenz, die einen entscheidenden Wettbewerbsnachteil hat: Amazon
lächelt einen nicht an! Amazon freut sich nicht wirklich, wenn man
die Seite öffnet, weshalb Amazons Begrüßung auf Dauer recht unper-

sönlich wirkt (»Hallo, Ulbricht, Mein Konto«). Amazon spendiert einem Kunden keinen Kaffee und den Kindern keinen Keks. Amazon hört einem nicht zu, wenn man genau erklärt, wonach man sucht. Und Amazon lädt einen weder ein, noch liest Amazon einem vor. Genau hier sollten Buchhandlungen ansetzen, um das Publikum zu binden. Vor allem kleinere Buchhandlungen bieten eine Vielzahl von Veranstaltungen an. In der Regel Autorenlesungen. Meistens für Erwachsene. Das sollen die Buchhandlungen auch unbedingt beibehalten. Ergänzend sollten viele Buchhandlungen regelmäßige Veranstaltungen für Kinder und Jugendliche anbieten. Bestenfalls wöchentlich. Das ist aufwändig und teuer, weil man dafür Personal braucht. Aber es ist auch eine Investition in die Zukunft.

In einem Gespräch mit *Buchmarkt* habe ich mich zum Thema, wie Buchhandlungen junges Publikum erobern könnten, unter anderem wie folgt geäußert:

> Man könnte einen Nachmittag zum Kindernachmittag erklären, an dem auch vorgelesen wird. Oder man könnte eine Initiative *Vorlesen statt Fußball* ins Leben rufen mit dem Ziel, dass Väter Samstag nachmittags Kindern vorlesen. Im *Nacht-Wimmelbuch* und im *Pixibuch* über die Buchhändlerin übernachten Kinder in einer Buchhandlung. Ich habe ein solches Angebot nicht mal in Berlin oder Hamburg gesehen. Warum eigentlich nicht? Für eine Grundschulklasse wäre eine Übernachtung in Schlafsäcken bei Thalia mit Sicherheit absolut unvergesslich. Die Schüler würden einen Tag später ihren Eltern zeigen, wo sie nachts mit Taschenlampen entlanggeschlichen sind. Und plötzlich wären ganze Familien im Buchladen. Für solche Angebote bzw. Aktionen sollte massiv im Eingangsbereich geworben werden.[31]

Mir ist klar, dass das, was für die Bibliotheken gilt, auch für Buchhändler gilt. Übernachtungsaktionen sind vor allem für kleine Buch-

---

31  Das komplette Interview findet man hier: http://www.buchmarkt.de/content/45958-arne-ulbricht-vaeter-sollen-vorlesen-.htm

handlungen extrem schwer umzusetzen. Aber es wäre gewiss möglich – man muss ja nicht eine ganze Schulklasse einladen, sondern erstmal nur die Jungs und eine Woche später die Mädchen. Das geht nicht jedes Wochenende, aber zwei- oder dreimal im Jahr? Während Bibliotheken vom Staat eventuell gerettet werden oder den dort beschäftigten Angestellten zumindest nicht sofort gekündigt wird, so ist eine Buchhandlung einfach pleite und die Angestellten arbeitslos, sobald niemand mehr kommt.

Neben solchen Aktionen, die Kinder und Jugendliche in die Buchhandlungen locken, sollten Buchhandlungen zu einem Treffpunkt für Familien werden. Und wenn die Kinder dann so groß sind, dass ihre Eltern ihnen peinlich sind, gehen sie vielleicht auch mal allein in die Buchhandlung um die Ecke. Vor allem dann, wenn sie die Buchhändlerin seit dem dritten Lebensjahr kennen.

Aktionen wie »Väter lesen vor« gibt es schlicht zu wenige. Regelmäßige Lesungen für Kinder auch. Eigentlich sollte es organisierbar sein, dass das Wochenende am Freitag oder Samstagmorgen mit einer Aktion für Kinder beginnt. Zumindest sollte eine Buchhändlerin hin und wieder Neuerscheinungen für die Kleinsten, die Kleinen und auch für die nicht mehr ganz so Kleinen vorstellen und daraus vorlesen. Oder es gibt einen Elternnachmittag, an dem man sich über die jüngst gelesenen Bücher austauschen kann. Die Rathausbuchhandlung in Hagen erstaunte mich neulich mit einer originellen Idee für Erwachsene:[32] Man kann sich dort abends einschließen lassen, für Verköstigung ist gesorgt, und dann darf man stöbern und lesen … Was für eine wunderbare Idee.

Jugendlichen so etwas zu erlauben oder gleich einer ganzen Schulklasse mit Lehrerin, würde viel Mut erfordern und würde auch mit manch einem Restrisiko verbunden sein. Aber wäre ein solches Angebot nicht eine Investition in die Zukunft? Oder eine Kinderübernachtungsgeburtstagsbücherparty? Eine Gruselnacht in der

---

32  http://www.rathaus-buchhandlung.com/Einschliesen. Alle Buchhandlungen, die Ähnliches anbieten, beglückwünsche ich! Gleichzeitig entschuldige ich mich dafür, sie an dieser Stelle nicht erwähnt zu haben.

Buchhandlung? Oder zumindest ein Gruselabend? Oder, um einen Zwölfjährigen zu überzeugen, ein Horrorabend?

Pionierarbeit leistet die Hamburger Buchhandlung Christiansen[33]. Dort gibt es den »Leseclub mit Funkenschlag«, wo sich »Kinder und Jugendliche zur Bücherdebatte im gemütlichen Personalraum unserer Buchhandlung« treffen. Es treffen sich zu regelmäßigen Terminen (alle zwei oder vier Wochen) Kinder ab 8, Jugendliche ab 13 und … was mich besonders verzückt hat, Jungs ab 10.

Wie bereits erwähnt, lädt die Buchhandlung v. Mackensen in Wuppertal jährlich mehrere vierte Klassen zum Bücherevent, der Wuppertaler Hammerverlag, der viele Kinderbücher verlegt, ist Stammgast, und Wolf Erlbruch kommt regelmäßig zum Signieren. Die Buchhandlungen sollten lokale Anlaufstellen sein für ortsansässige Autoren, Illustratoren oder eben Verleger.

Die Buchhandlung in der Villa Hermann[34] organisiert ständig Lesungen, und unter den Autoren im Jahr 2015 waren Wolfgang Hohlbein, Paul Maar und Ursula Poznanski, und darüber hinaus wird noch ein jährliches Fantasy-Festival organisiert, auf das sich wahrscheinlich viele Kinder und Jugendliche freuen wie auf das Pokalfinale. Auch das ist wichtig: Buchhandlungen sollten durch ihre Veranstaltungen unverwechselbar werden. Sie sollten sich von anderen Buchhandlungen und vor allem natürlich von Amazon unterscheiden. Und das können sie nicht, wenn sie »nur« Bücher verkaufen.

Die genannten Beispiele, was Buchhandlungen konkret anbieten, um Kinder und Jugendliche für Bücher zu begeistern, zeigen: Es geht! Es ist viel möglich!

In Deutschland findet man, wenn man ein wenig sucht, sogar einige Kinderbuchhandlungen mit speziellem Angebot. In Mainz gibt es zum Beispiel die Buchhandlung Nimmerland und in Aachen die Buchhandlung SchmetzJunior. In beiden Buchhandlungen gibt es das Angebot an Kinder und Jugendliche, Bücher, die noch gar nicht

---

33  http://www.buchhandlung-christiansen.de/de/
34  http://www.villa-herrmann.de/

erschienen sind, zu testen, um anschließend mit anderen Kindern und Jugendlichen darüber zu diskutieren. Außerdem kooperieren beide Buchhandlungen eng mit den Kitas und (Grund-)Schulen vor Ort.[35] Bedauerlicherweise gibt es in vielen Städten eine solch ausschließliche Anlaufstelle für Kinder und Jugendliche nicht. Die Männerquote ist in den Kinderbuchhandlungen übrigens noch erschreckender, als sie im Buchhandel ohnehin schon ist. Weder im Nimmerland noch bei Schmetz (laut deren Internetseiten) arbeitet ein einziger Mann als Zugpferd für pubertierende Jungs (ab der vierten Klasse), die ja vielleicht hin und wieder ein männliches Vorbild auch in einer Buchhandlung bräuchten. Auf Nachfrage schreibt Uschi Lange von der Kinderbuchhandlung SchmetzJunior:

> Buchhändlerin ist eine »einfache« kaufmännische (!) Ausbildung, die, gemessen an dem, was frau wissen und leisten muss, nicht adäquat bezahlt wird. Von einem anständigen Gehalt kann so gut wie nirgendwo die Rede sein, ausgenommen Führungspositionen (meist von Männern eingenommen) bei großen Filialisten. Ich persönlich kenne aus unserer Branche keine Kollegin, die von ihrem Gehalt eine Familie ernähren könnte. Fast alle sind die sogenannten Zweitverdienerinnen. Auch Bibliothekarinnen werden nicht gerade hoch bezahlt, wenn auch besser als Buchhändlerinnen. Daher betrachten Frauen immer noch familiäre Aufgaben als die ihren oder bekommen sie zugewiesen, weil sie ja mehr Zeit haben, dazu zählt das Vorlesen.

Für mich sind Buchhandlungen und Bibliotheken Orte, an denen ich mich auf angenehmste Weise vom oft hysterischen Alltag erholen kann. Um Kindern zu zeigen, wie aufregend Bücher auch im 21. Jahrhundert noch immer sind, sollte an diesen Orten regelmäßig vorgelesen werden.

---

35 http://www.nimmerland-mainz.de/ und http://www.kinderbuchhandlung-aachen.de/

Neben den Lesungen aus meinen eigenen Büchern habe ich am Welttag des Buches in der Buchhandlung v. Mackensen Kindern vorgelesen. Es war durchaus anstrengend. Aber ich glaube, dass solche Aktionen wirklich überall möglich sind und nicht nur am Welttag des Buches, sondern regelmäßiger. Wie es zur Zeit dieser Lesung für mich üblich war, schrieb ich unmittelbar nach der Lesung einen Bericht, den ich wie alle anderen Berichte hier gekürzt und angepasst habe:

## Umzingelt von Viertklässlern

Als ich einen Anruf von Herrn Kozinowski, dem Chef der Wuppertaler Buchhandlung v. Mackensen, bekomme, staune ich. In der Regel will ich etwas von ihm und nicht er von mir.

Er fragt, ob ich nicht Lust hätte, am Welttag des Buches (2012) bei v. Mackensen mehrere vierte Klassen zu bespaßen. Nach kurzem Zögern – man muss dafür ja doch einiges vorbereiten – sage ich zu, und noch am selben Tag fällt mir ein Thema ein: Der Lesekompass! Gemeinsam mit anderen Jurorinnen (ich war tatsächlich der einzige Juror) habe ich Kinder- und Jugendbücher, die vor allem Spaß machen sollen, für verschiedene Altersklassen ausgewählt.

Ich entscheide mich für *Gestatten, Mr. Stink* von David Walliams und Quentin Blake und *Letzten Donnerstag habe ich die Welt gerettet* von Antje Herden und Eva Schöffmann-Davidov. Also für Bücher, die für neun- bis zehnjährige Kinder empfohlen worden sind.

In *Mr. Stink* geht es um die Begegnung eines zwölfjährigen Mädchens mit einem grotesk stinkenden Obdachlosen. Eine witzige, eine schlicht und ergreifend schöne Geschichte. Mit pädagogischem Mehrwert und trotzdem ohne erhobenen Zeigefinger erzählt.

*Letzten Donnerstag* … handelt von drei Kindern, die, nun ja, die Welt retten. Eltern verschwinden im Buch, es bricht so eine Art Anarchie aus, und die Lösung aller Probleme findet sich in einer Bunkeranlage unter der Stadt, wo sich die Kinder plötzlich umzingelt von schleimigen Riesenlurchen wiederfinden. Diese Geschichte ist unheimlich. Unheimlich spannend. Und unheimlich eklig.

Aber wie soll ich die Lesung gestalten? Bunt mit Postern oder gar mit einer PowerPoint-Präsentation – oder nehme ich einfach bloß die Bücher? Ich entscheide mich für Letzteres. Gewiss, ein Risiko, denn Kinder sind es natürlich gewohnt, dass vor allem bei Veranstaltungen irgendetwas flimmert oder leuchtet. Trotzdem (oder gerade deshalb) versuche ich, die Kinder ausschließlich mit den Texten zu erobern.

v. Mackensen ist nicht viel größer als unser Wohnzimmer. Und es sollen zu zwei Lesungen jeweils gut sechzig Schüler und begleitende Lehrkräfte kommen. Ich sehe mich bereits umzingelt, und als es so weit ist, stehe ich tatsächlich einer auf dem Fußboden sitzenden, unübersichtlichen Schülerhorde gegenüber, die mich erwartungsvoll anstarrt.

Ich stelle zuerst den Lesekompass[36] vor, frage, was das sein könnte, und tatsächlich kommt die Antwort, dass es sich vielleicht ja um einen Wegweiser handeln könnte, um schnell gute Bücher finden zu können. Wow. Dann zeige ich das Cover von *Mr. Stink,* auf dem ein klassischer Clochard neben einem Mädchen zu sehen ist. Worum es gehen könnte in diesem Buch, frage ich. Zehn Kinder melden sich. Sie sind mit ihren Ideen so nah am Inhalt des Buches, dass ich kurz überlege, es doch nicht mehr vorzulesen. Natürlich verwerfe ich den Gedanken und lese den ersten Satz laut und langsam:»Mr ... Stink ... stank.« Es wird gelacht. Ich selbst lache nicht, aber ich bin erleichtert. Wenn sie schon bei diesem Satz lachen, werden sie den Text mögen. Und in der Tat: Als ich vom stinkenden Bart lese, komme ich mir wie ein Starkomiker vor, bei dem schon aus Prinzip gelacht wird, sobald er seinen Mund aufmacht. Ich frage, wer sich von den Schülern schon mal mit einem Obdachlosen unterhalten habe. Ein gutes Dutzend Schüler meldet sich und will unbedingt erzählen (obwohl sich eigentlich noch nie jemand wirklich mit einem Obdachlosen unterhalten hat).

---

36  Mit dem Leipziger Lesekompass, zu dem ich noch kommen werde, werden jedes Jahr Neuerscheinungen ausgezeichnet.

Die Zeit reicht noch für einen Ausschnitt aus dem anderen Buch. Die Kinder, die langsam unruhig werden, staunen darüber, wie ich von Kindern in ihrem Alter lese, deren Eltern verschwunden sind und die deshalb eine Bäckerei überfallen. Aber die Unruhe nimmt dennoch zu. Die Atmosphäre ist natürlich auch nicht optimal für eine längere Lesung. Hin und wieder klingelt das Telefon, ein Kunde möchte beraten werden – der Verkauf geht ja weiter. Dann ist die erste Lesung vorbei. Die Schüler stürmen zu ihren Jacken, und dann sind sie auch schon weg. Und die Lehrerinnen? Die sind fast so schnell weg wie ihre Schüler.

Die zweite Lesung beginne ich mit *Letzten Donnerstag habe ich die Welt gerettet.* Dieses Buch vorzulesen ist Leistungssport. Jedenfalls wenn man so brüllt und flüstert und dabei wie ein Schauspieler aus der Stummfilmzeit gestikuliert, wie ich es tue. Die Schüler lachen und zucken zusammen und brüllen »Ihhhhhhh« und »Bäh«. Aber einige gucken auch auf den Boden. Und zwei Jungs, die interessiert meine Lesung überhaupt nicht. Sie flüstern sich Sachen zu, grinsen und sind ganz woanders. Egal. Die ersten Seiten von *Mr. Stink,* die ich anschließend vorlese, mögen auch die Lehrerinnen, die dieses Mal bei ihren Schülern sitzen.

Auch nach der zweiten Lesung haben es die Schüler ziemlich eilig. Und ich? Ich bin erschöpft. Total fertig. Als hätte ich einen Zehnkilometerlauf hinter mir.

Die Auswahl der Bücher, die natürlich ein gewisses Restrisiko barg, bereue ich keineswegs. Es sind wunderbare Bücher. Optimal für Zehnjährige, denen ich zeigen möchte, dass Bücher etwas Wunderbares sein können.

Dass von den acht Begleitpersonen nur eine Einzige nach einer der beiden Lesungen noch einmal zu mir gekommen ist und sich bedankt hat, das hat allerdings irgendwie geschmerzt. (Gerade Lehrer wissen eigentlich, wie wichtig Feedback ist.)

Doch schon bald überwiegt die Freude, denn etwas Wichtiges glaube ich erreicht zu haben: Die Kinder haben gelacht, sie haben sich geekelt und sich mitreißen lassen. Alle? Nein, nicht alle. Aber die meisten.

Leider braucht man ja oft einen Anlass, um solche Veranstaltungen zu organisieren. Einen weiteren Anlass gibt es jährlich am dritten Freitag im November. Denn an diesem Tag findet der so genannte »Vorlesetag« statt.

## Der Vorlesetag

Der Bundesweite Vorlesetag ist eine gemeinsame Initiative von DIE ZEIT, Stiftung Lesen und Deutsche Bahn Stiftung. Dieser Aktionstag für das Vorlesen findet seit 2004 jedes Jahr am dritten Freitag im November statt. Der Bundesweite Vorlesetag setzt ein öffentlichkeitswirksames Zeichen für die Bedeutung des Vorlesens. Ziel ist es, Begeisterung für das Lesen und Vorlesen zu wecken und Kinder bereits früh mit dem geschriebenen und erzählten Wort in Kontakt zu bringen.

Das Konzept ist einfach: Jeder, der Spaß am Vorlesen hat, liest an diesem Tag anderen vor – zum Beispiel in Schulen, Kindergärten, Bibliotheken oder Buchhandlungen. Auch an ungewöhnlichen Vorleseorten finden Aktionen statt: im Riesenrad, im Flugzeug, in einem Tierpark, in Museen oder als Guerilla-Variante auf einer viel befahrenen Kreuzung – der Fantasie sind keine Grenzen gesetzt.

2014 wurde die Rekord-Teilnehmerzahl aus dem Vorjahr noch einmal übertroffen: Nahezu 81.000 Vorleserinnen und Vorleser griffen zu den Büchern und steckten über 2,5 Millionen Zuhörer in ganz Deutschland mit ihrer Lesefreude an. Zusammen mit ihnen haben über 1.300 Politiker und 130 Prominente gezeigt, wie wichtig und schön Vorlesen ist.[37]

An sich ist der Vorlesetag eine feine Sache: Denn es wird tatsächlich überall vorgelesen. Es kann also gut sein, dass an diesem Tag das eine oder andere Kind von irgendeinem prominenten Schauspieler oder Profisportler (die man auch, wie bereits erwähnt, einfach mal in die Schule einladen sollte) vorgelesen bekommt und eine »Initial-

---

37  http://www.vorlesetag.de/vorlesetag/

zündung« ausgelöst wird. Es kann zum ultimativen Erlebnis werden. Denn an diesem Tag lesen auch erstaunlich viele Männer vor.

Dass es nur einmal im Jahr einen Vorlesetag gibt, ist allerdings problematisch. An diesem Tag finden so ungeheuer viele Lesungen statt, und viele derjenigen, die lesen, lesen das nächste Mal im Jahr darauf. Es gibt im April, also ein knappes halbes Jahr später, noch den Welttag des Buches. Daraus sollte man ebenfalls einen Vorlesetag machen. (Im vorangegangenen Kapitel habe ich geschildert, wie man diese Tage miteinander kombinieren könnte.) Und aus dem Vorlesetag im November einen weiteren Tag des Buchs. Denn Vorlesetage sind Büchertage und Büchertage sollten auch Vorlesetage sein. Natürlich wäre es schwieriger, Teilnehmerzahlen zu toppen, wenn man solche Tage öfter organisiert. Aber die Gesamtzahl der Veranstaltungen würde gewiss steigen. Und somit auch die Chance, Kinder zu erreichen, die an dem einen Tag im Jahr krank waren.

Ich selbst lese am offiziellen Vorlesetag übrigens auch vor, und zwar nicht nur meinen eigenen Kindern. Und ja, wenn die Lesungen in den Zeitungen angekündigt werden, dann freue ich mich allein deshalb, weil ich hoffe, dass vielleicht irgendjemand auch auf meine Bücher aufmerksam wird.

Meine ersten Vorlesetag-Lesungen waren seltsamerweise erfolgreicher als meine letzten Lesungen. Die Atmosphäre der ersten Lesungen war unvergleichlich: Die Lesungen fanden in abgedunkelten Bereichen in der Wuppertaler Kinderbibliothek statt, Kerzen brannten und irgendwie war alles schön düster und dennoch feierlich. Ich habe über meine zweite Lesung einen Text geschrieben, der vielleicht dem einen oder anderen als Inspiration dient, was man machen oder zumindest mal versuchen könnte. Hier ist die stark gekürzte Version:

Letztes Jahr hatte ich aus den ersten vier Harry-Potter-Bänden vorgelesen, dieses Jahr waren die Bände fünf bis sieben an der Reihe. Im letzten Jahr sind siebzehn Kinder gekommen. Wie viele kämen wohl dieses Jahr? Und würde es mir endlich gelingen, die ausgewählten Stellen einfach mal ohne zu stocken, stottern oder stolpern vorzulesen?

Am Ende habe ich vor knapp fünfundzwanzig Kindern (und ein paar Müttern) gelesen. Die meisten der Kinder waren Jungs zwischen acht und elf Jahren. Also Kinder, die man, was man immer wieder liest und was falsch ist, mit Büchern nicht erreicht. Ein Junge meldete sich begeistert, wenn ich die Lesung unterbrach, um eine Frage zu stellen. Ein anderer Junge kam mit Zauberumhang.

Ich selbst habe alles gegeben. Aber das war mal wieder nicht genug. Während ich mir einbilde, Dumbledores und Snapes Tod wirklich gut gelesen zu haben, so hatte ich bei der langen Szene, in der Hermine gefoltert wird, während Harry und Ron in einem dunklen Keller kauern, fast schon einen Blackout. Ich habe auf zwei Seiten bestimmt zehnmal gestottert. Ich dachte, während ich las, dass ich ohne irgendeinen Beruhigungszauber nicht weiterlesen könnte. Aber dann fing ich mich.

Um zehn vor sechs, also nach 50 Minuten, fragte ich, ob ich noch eine Stelle ... doch ich konnte gar nicht zu Ende sprechen. Natürlich sollte ich. Insgesamt hat die Veranstaltung 65 Minuten gedauert, von denen ich 60 gelesen habe. Und obwohl ich von mir ein wenig enttäuscht war – warum schaffe ich es eigentlich nie, einen Text einfach mal fehlerfrei zu lesen? – war ich glücklich. Das lag vor allem an den beiden Damen, die alles organisiert hatten. Sie kamen zu mir, bedankten sich, fragten gleich, ob ich nächstes Jahr wieder lesen könnte ... nur von einer Sache sprachen sie nicht: Davon, dass sie schon seit Stunden nichts anderes machten, als Lesungen zu organisieren, zum Teil selbst zu lesen; und sie sprachen auch nicht davon, dass sie wegen des späten Termins Überstunden hatten machen müssen.

Es gibt übrigens nicht nur den einen Vorlesetag, sondern außerdem gleich mehrere mehrtägige Vorleseveranstaltungen. Ein Besuch dort kann für Kinder genauso aufregend sein wie ein Besuch in irgendeinem Freizeitpark.

## Buchmessen und andere Spektakel

Immerhin: Literaturfestivals und Buchmessen klagen nicht über Besucherschwund. Wer einmal zu Stoßzeiten auf der Leipziger oder Frankfurter Messe war, der weiß, wovon ich rede.

In vielen Städten gibt es mehrtägige Bücherfeste. Oft sind es in der Tat Partys, manchmal gar Spektakel, und meistens ist das Angebot für Kinder und Jugendliche enorm. Deshalb habe ich mich während der Recherchen zu diesem Buch fürchterlich geärgert. Von Wuppertal fährt man nach Köln zur Lit.Cologne nur eine halbe Stunde. Dass ich selbst manch eine Veranstaltung im Jahr 2015 gern gesehen hätte – geschenkt. Aber dass ich mit meinem Sohn weder bei Jonathan Stroud war, dessen *Lockwood*- und *Bartimäus*-Bücher ihn geradezu umgehauen habe, noch bei Eoin Colfer, dem Erfinder von *WARP* und *Artemis Fowl,* das verzeihe ich mir nicht. Und meine Tochter wäre gewiss begeistert von Erhard Dietls *Olchi*-Lesung gewesen. Und Paul Maar, Andreas Steinhöfel und Martin Baltscheit waren auch vor Ort und haben Bücher vorgestellt. Und Joachim Król hat *Die Schatzinsel* vorgelesen, und zwar auf einem Schiff, dem Literaturschiff. Andere Lesungen fanden in Theatern, im Literaturhaus, das endlich auch mal für Kinder da war, oder im Schokoladenmuseum statt. Warum ich nicht vor Ort war, weiß ich selbst nicht so genau. Da ich in Leipzig und auch Frankfurt seit einigen Jahren sowieso bin, verpasse ich diese Messen nie. Aber Köln hatte ich trotz örtlicher Nähe anscheinend einfach nie auf dem Radar gehabt. Das wird sich aber ändern.

Mit Sicherheit werden viele Kölner Kinder und vermutlich auch Kölner Schulklassen die Lit.Cologne besuchen. Das ist gut so, aber zu wenig. Die Lit.Cologne sollte zum erklärten Ausflugsziel von Kitas und Schulklassen aus der Umgebung werden. Und Eltern, die manchmal an ihren pubertierenden Kindern verzweifeln, sollten ihre eigenen Kinder entführen und sie zu irgendeiner Veranstaltung schleppen.

Lehrer sollten einfach das Abenteuer wagen, Klassenfahrten zur Messezeit nach Leipzig oder Frankfurt zu organisieren, obwohl das auf den ersten Blick nicht ganz so attraktiv wirkt wie eine Skifahrt und deshalb viel Überzeugungsarbeit erfordert. Frankfurt hat einiges zu bieten, aber besonders Leipzig gilt als *die* Publikumsmesse schlechthin und bietet eine Attraktion, die auf junges Publikum wie ein Magnet wirkt: die Manga-Comic-Convention. In Halle 1 findet jedes Jahr ein einzigartiger Kostümball statt. Jugendliche in verrücktesten Outfits – die klassischen Star Wars-Kostüme fallen längst nicht mehr auf – bevölkern diese Halle und stören sich nicht daran, wenn nicht verkleidete Normalsterbliche den Kostümball unterwandern. Und natürlich gibt es auch in Halle 1 Bücher und Comics, Comics und Bücher. Diejenigen, die ihren Weg in diese Halle gefunden haben, werden nie wieder Literatur mit Langeweile verbinden, und Jungs, die das Treiben in dieser Halle erlebt haben, werden die anarchische Stimmung mit Sicherheit auch irgendwie ziemlich cool finden.

In allen Hallen wird vorgelesen. Die vielen Damen um die fünfzig gehen gern zu Martin Suter, aber zum Glück gibt es auch für siebenjährige Jungs und zwölfjährige Mädchen pausenlos Spannendes zu erleben und zu entdecken. In Halle 2 zum Beispiel die Kinderbuchhandlung, zwei Lesebuden, den Lesetreff, den Theaterbus, das Familiencafé, zahlreiche Kinder- und Jugendbuchverlage, den Leipziger Lesekompas – und fast an jedem »Stand« sitzt gerade irgendein Autor und liest oder erzählt oder beantwortet auch die ausgefallensten Fragen.

Absolut faszinierend ist auch der ganze Hörbuchbereich in Halle 3. Dort werden, logisch, Hörbücher vorgestellt. Und zu den bekanntesten Hörbuchsprechern gehören seit gefühlten fünfzig Jahren auch Oliver Rohrbeck (Justus Jonas), Jens Wawrczeck (Peter Shaw) und Andreas Fröhlich (Bob Andrews). Ich bin mit diesen Stimmen aufgewachsen. In Leipzig ist immer einer von den dreien da und stellt ein Hörbuch vor, und das heißt fast immer: Er liest vor!

Man kann sich auch treiben lassen und auf Entdeckungsreise gehen. Dort, wo es etwas Spannendes zu sehen oder zu hören gibt, bleibt man einfach eine Weile. Vielleicht entdeckt man so die Leseinsel *Fantasy* – auch in Halle 2. Wenn einen die aktuelle Lesung nicht anspricht, kann man sich die Programme der Verlage mit oft ausgefallenen Namen anschauen.

Kleinere Schülergruppen, die meistens aus Leipzig und Umgebung angereist kommen, sieht man oft mit Stiften und Klemmbrettern in der Hand. Auf Nachfrage ist mir erklärt worden, dass sie eine Rallye machen würden. Und natürlich hat eine Messe, die ja auch einem Irrgarten gleicht, ein erstaunliches Rallyepotenzial.

Vor allem Schüler halten es allerdings nicht den ganzen Tag in den Hallen aus. Aber einen Vormittag und am folgenden Tag den Nachmittag, das halten sie aus. Und den Rest der Zeit verbringt man in Leipzig und Umgebung. Leipzig erfreut sich einer atemberaubenden Innenstadt. Zum Völkerschlachtdenkmal habe ich persönlich es leider noch nie geschafft – aber allein aus dem Besuch dieses Denkmals könnte man ein spannendes, aufregendes und lebendiges (Schul-)Projekt machen.

Ich habe an acht Schulen unterrichtet. In Schleswig-Holstein, in Hamburg, in Berlin und in Nordrhein-Westfalen. Ich erinnere mich nicht, dass es jemals einen Ausflug zu einem Literaturfestival oder gar einen mehrtägigen Trip zu einer Buchmesse gegeben hätte. Vollkommen unverständlich. Wenn man den Schülern – und es ist für jede Altersklasse etwas dabei – einerseits viele Freiheiten zum Entdecken lässt, mit ihnen andererseits aber auch gezielt Veranstaltungen besucht, dann wäre ein solcher Messebesuch eine Möglichkeit, Kinder und Jugendlichen auf angenehmst mögliche Weise zu demonstrieren, wie spannend, aufregend und unterhaltsam Bücher sein können.

Am 13. März 2015 schrieb Christopher Schmidt, der Literaturchef der Süddeutschen Zeitung, anlässlich der Eröffnung der Leipziger Buchmesse: »Lesen aber ist ein Zustand, ein Glückszustand. In Leipzig hat er jedes Jahr einen festen Ort.« Und: »Die Leipziger Buchmesse … ist eine Messe der Leser!«

Recht hat er! Ergänzen könnte man allerdings noch: Leipzig ist eine Messe der *Vorleser*. Denn in Leipzig wird wirklich überall vorgelesen. Über eines meiner besonders denkwürdigen Erlebnisse in Leipzig schrieb ich damals einen Bericht für den Vorleseclub. Hier ist die gekürzte Fassung:

**Weiter so!**

Eher zufällig stieß ich auf die Veranstaltung *Figarino Spezial.* (Figarino ist ein Radioprogramm für Kinder und gehört zum MDR.) Ich war, nachdem ich mir einen Platz im ARD-Hörbuchforum erobert hatte, vermutlich aufgeregter als die meisten Sechsjährigen, die der Veranstaltung beiwohnten. Denn es sollten Autoren auftreten, die ich verehre. Autoren, die ich zum Teil selbst als Kind gelesen oder von denen ich später vorgelesen habe.

Zunächst trat Martin Baltscheit auf, den ich zuvor nicht wirklich kannte. Was für ein Versäumnis! Denn Martin Baltscheit ist ein Kinderbuchautor, der zu den ganz Großen zählt. Das wurde mir klar, als ich merkte, dass ich meiner Tochter *Die Geschichte vom Löwen, der nicht schreiben konnte,* schon oft vorgelesen hatte. (Darauf, wer das Buch geschrieben hat, hatte ich seltsamerweise gar nicht geachtet.) Ein wunderbares, liebevolles Buch. Vorgestellt hat Martin Baltscheit *Das Gold des Hasen.* Ebenfalls ein wunderbares, liebevolles Buch. Und er hat das Publikum (und mich!) restlos für sich und sein Buch gewonnen. Weiter so, Martin Baltscheit.

Es folgte Ben Becker. Meiner Generation ist er nicht so sehr als Kinderbuchautor bekannt, sondern als Schauspieler, der im Film *Comedian Harmonists* beeindruckt oder mit seiner Bibellesung imponiert hat. Auf dieser Veranstaltung hat er mir auch imponiert. Denn mir ist klar geworden, wie wichtig Ben Becker als Kinderbuchautor ist. Sein Auftritt war souverän und cool! Ein Auftritt, der vor allem auf Jungs extrem cool gewirkt haben dürfte. Denn Jungs finden einen Autor, der einen schwarzen Hut und einen schwarzen Mantel trägt und der mit tiefer, knarziger Stimme vorliest mit Sicherheit … extrem cool. Weiter so, Ben Becker.

Nach Ben Becker setzte sich ein älterer Herr auf den Sessel und stellte sich den Fragen der Kinderredaktion. Bei diesem älteren Herrn handelte es sich um eines meiner ganz großen Idole. Um einen Herrn, der mich als Kind bereits verzückt hat und nun meine Kinder noch immer mit neuen Geschichten verzaubert. Es handelte sich um Paul Maar. Den Erfinder des Sams. Den Erfinder von Herrn Bello. Und den Erfinder von Lippel. Mit seinem neuesten Werk *Lippel träumt weiter* war er Gast auf der Messe. Paul Maar! Ich sah ihn schon einen Tag zuvor. Er wirkte wie ein älterer Herr, der sich auf der Messe verirrt hatte. Er sagte unter anderem, dass er selbst Ähnlichkeit mit Herrn Taschenbier habe. Und während er das sagte, sah man plötzlich den 75-jährigen Taschenbier auf dem Podium sitzen. Paul Maar ... weiter so! Immer weiter so!

Der letzte Autor, der die Bühne betrat, war Sven Nordquist. Ebenfalls eine lebende Legende. Wer hat nicht irgendwann in einem Pettersson-Band geblättert? Wem ist dieser alte, knurrige Mann, der mit seinem Kater Findus eine eigenwillige Ehe führt, nicht auf unwiderstehliche Art sympathisch? Das Wunderbare war: Sven Nordquist *ist* Pettersson. Er beantwortete die Fragen in der Regel auf Schwedisch, und vor allem beantwortete er sie kurz und knurrig. Man wurde den Eindruck nicht los, dass er sich in Gedanken gemeinsam mit irgendeinem Kater in einer Hütte auf dem Land befand. Nur: Sven Nordquist brummelte auf Nachfrage der Kinderreporterin, dass er erstens in Stockholm lebe und zweitens keinen Kater habe. Es war herrlich. Weiter so, Sven Nordquist, immer weiter so!

Paul Maar und Sven Nordquist haben viele Millionen Bücher verkauft. Dennoch waren ihre Auftritte an Bescheidenheit nicht zu überbieten. Hier saßen zwei Autoren, die nicht nur wunderschöne Bücher schreiben, sondern die vor allem eines sind: Vorbilder!

Das Besondere an Leipzig: Über solche Veranstaltungen stolpert man geradezu. Bevor ich Bücher und Autoren empfehle und versuche, bei der Orientierung im Kinder- und Jugendbuchlabyrinth behilflich zu sein, möchte ich im nächsten Kapitel Vorleserinnen und Vorleser vorstellen, die unverzichtbar sind: Kinder. Denn sie sollen schließlich später ihren eigenen Kindern vorlesen, und je mehr Spaß sie heute haben, desto größer die Wahrscheinlichkeit, dass sie es später tun. Und um diese Lust zu schüren, gibt es die eine oder andere Möglichkeit.

# Kinder als Vorleser

Günstigstenfalls werden Kinder schon in den Familien zum Vorlesen, also zum Selbstlesen (in Gegenwart eines Erwachsenen) motiviert. Liebevoll. Ohne Druck. Das geht eigentlich recht einfach: Sobald die Kinder selbst ein wenig lesen können, beginnen sie die abendliche Vorleseparty, indem sie selbst vorlesen. Zuerst eine Seite in einem der zahlreich existierenden Erstlesebücher, die es in den meisten Bibliotheken dutzendfach gibt und deren Inhalte nicht besonders inspirierend sind. Aber das inhaltliche Niveau dieser Bücher steigt, sobald die einzelne Wörter ersetzenden Bilder verschwinden und die Sätze ein wenig anspruchsvoller werden. Das Zuhören ist anfangs ziemlich zäh. Mag sein, dass es die eine oder andere Mutter süß findet, wie das Kind in der ersten Klasse liest. Ich fand es immer recht anstrengend zu warten, bis einer der kurzen und meistens öden Sätze zu Ende gelesen worden ist. Aber inzwischen genieße ich es, neben meiner mir vorlesenden Tochter zu liegen. Manchmal döse ich sogar ein. Das Vorlesen selbst ist meine aktive Auszeit, während der ich alles um mich herum vergesse. Das Zuhören ist meine passive Auszeit. Ich bin zum Nichtstun verdammt, und das Nichtstun genieße ich. Inzwischen lesen wir uns jeden Abend gegenseitig vor. Das heißt: Das Vorlesen meiner Tochter ist Teil des Rituals.

Viele Eltern, meist Mütter, kommen einmal wöchentlich in die Grundschulen und lassen sich von Kindern vorlesen. Das ist sowohl für die Kinder als auch für die Eltern spannend. Für die Kinder, weil sie einem zu Beginn fremden Erwachsenen vorlesen müssen, und für die Erwachsenen, weil man ja insgeheim doch vergleicht, wie die anderen Kinder im Gegensatz zum eigenen Kind lesen. Und natürlich ist es für ein Elternteil äußerst befriedigend zu erleben, wie die Kinder langsam immer besser und sicherer werden. Denn man begleitet sie ja bei ihren ersten Leseversuchen, und später begleitet man sie beim Lesen.

Eine weitere Möglichkeit, Kinder und Jugendliche zum Vorlesen zu motivieren, sind Lesewettbewerbe. Lesewettbewerbe, bei denen es keine Verlierer, sondern nur einige Gewinner geben sollte, sind von herausragender Bedeutung. Immerhin gibt es sogar *einen* bundesweiten Vorlesewettbewerb. Hier ist die Beschreibung auf der offiziellen Internetseite:[38]

> Der Vorlesewettbewerb des Deutschen Buchhandels steht unter der Schirmherrschaft des Bundespräsidenten und zählt zu den größten bundesweiten Schülerwettbewerben, er wird von der Kultusministerkonferenz empfohlen. Rund 600.000 Schülerinnen und Schüler beteiligen sich jedes Jahr.
>
> Mitmachen können alle sechsten Schulklassen. Wer gerne liest und Spaß an Büchern hat, ist eingeladen sein Lieblingsbuch vorzustellen und eine kurze Passage daraus vorzulesen.
>
> Bücher gibt es für jeden Geschmack und zu allen Themen. Ob Spannung, Unterhaltung, Wissen: Lesen ist Kino im Kopf und eine Reise in fremde Welten. Der Vorlesewettbewerb bietet die Gelegenheit, die eigene Lieblingsgeschichte vorzustellen und jede Menge neue Bücher zu entdecken. [...]
>
> Der Vorlesewettbewerb wird seit 1959 jedes Jahr vom Börsenverein des Deutschen Buchhandels in Zusammenarbeit mit Buchhandlungen, Bibliotheken, Schulen und kulturellen Einrichtungen veranstaltet.

Unter dem Link »Ziele«[39] findet man dann nicht nur Argumente für diesen Wettbewerb, sondern eigentlich für Vorlesewettbewerbe aller Art:

> Im Mittelpunkt des Vorlesewettbewerbs stehen Lesefreude und Lesemotivation. Er bietet allen Schülern der sechsten Klasse Gele-

---

38  http://www.vorlesewettbewerb.de/wettbewerb/vorlesewettbewerb-1415.html
39  http://www.vorlesewettbewerb.de/wettbewerb/ziele.html

genheit, die eigene Lieblingsgeschichte vorzustellen und neue Bücher zu entdecken.

Die teilnehmenden Kinder stärken ihre sozialen und sprachlichen Kompetenzen:

Textverständnis, Eigenständigkeit und Medienkompetenz werden durch die selbstständige Buchauswahl und die intensive Vorbereitung erweitert.

Das Sprechen vor Publikum fördert das Selbstbewusstsein, die Präsenz und die Kommunikationsfähigkeit aller Teilnehmer.

Sie lernen zugleich das aktive Zuhören und steigern ihr Konzentrationsvermögen.

In den Wettbewerbsveranstaltungen begegnen sich lesebegeisterte Kinder und lernen die Vielfalt der aktuellen und klassischen Jugendliteratur kennen.

Schon die Teilnahme am Klassenentscheid fördert die Lesemotivation der Kinder durch die selbstständige, intensive und kreative Beschäftigung mit Büchern. Auch wenn durch den Wettbewerbscharakter besondere Vorleseleistungen ausgezeichnet werden, steht das Mitmachen im Mittelpunkt, nicht das Gewinnen. Alle Teilnehmer haben ihre Fans und beim Publikum bleibt nicht nur der Siegerbeitrag in besonderer Erinnerung.

Ich habe bereits erzählt, wie unvergesslich die Deutschstunde war, in der ich im Schuljahr 1984/85 den Klassenentscheid verlor. Ob ich die »Niederlage« sportlich genommen habe, weiß ich nicht mehr. Ich weiß nur, dass ein wenig geschimpft worden ist über ein Mädchen, das *Max und Moritz* vorgelesen hat, weil sie wohl nur irgendeine Hörbuchfassung kopiert hatte. Das ist natürlich vollkommen egal. Denn wenn man Messi kopiert und anschließend so elegant wie er die Gegenspieler austricksen würde … das wäre doch toll. Wenn ich lesen könnte wie Klaus Kinski, dann würde ich es ja vielleicht tun. Aber leider kann ich das nicht. Deshalb lasse ich es bleiben und versuche gar nicht erst, ihn zu imitieren. Das Wunderbare an diesem Streit ist aus heutiger Sicht vor allem, dass es um Lesetechnik ging. Und darüber wurde sonst eher selten gestritten.

Der damals elfjährige Arne, der *Schnüpperle* las und es nicht mal in den Endausscheid der Schule geschafft hatte, der sitzt seit einigen Jahren in der Jury des Wuppertaler Regionalausscheids. Bei der ersten Veranstaltung haben vierzig Kinder gelesen. Das hat drei Stunden gedauert und war natürlich viel zu lang, weshalb wir Wuppertal inzwischen in Ost und West aufteilen. Früher gab es wohl auch den Unterschied zwischen Gymnasium sowie Haupt- und Realschule. Dieser Unterschied wird nicht mehr gemacht. Und das ist auch gut so. Zwar gewinnen in der Regel die Gymnasiasten, aber gleich in meinem ersten Jahr war es eine Realschülerin, die am überzeugendsten gelesen hatte.

Die Ziele, die offiziell verkündet werden, werden im Vorlesewettbewerb auch tatsächlich erreicht. Denn natürlich stärkt es das Selbstbewusstsein, wenn man erstens vor einer Jury und zweitens auch vor den Eltern, Geschwistern und Großeltern der anderen Teilnehmer lesen muss.

Fast allen Teilnehmern merkt man an, dass sie sich intensiv mit dem eigenen Text befasst haben und dass sie zu diesem Text eine ganz besondere Beziehung haben. Einige sind ehrgeizig und enttäuscht, wenn sie Zweiter werden – und es werden mit einer Ausnahme, dem Sieger, alle Zweiter. Einige weinen sogar. In der Regel diejenigen, die ebenfalls auffallend gut gelesen und deshalb gespürt hatten, dass sie unter den Favoriten waren.

Die Jurymitarbeit hat mir das bewiesen, was ich vorher schon wusste: Das, was einen guten Vorleser ausmacht, ist letztendlich auch Geschmackssache. Natürlich sollte man den Text nicht herunterleiern oder so lesen, dass man Unterschiede zwischen den einzelnen Figuren nicht mal merkt. Aber wer betont zu viel? Wer betont zu wenig? Einige lesen viel zu schnell, andere lesen viel zu langsam, aber abgesehen davon: Gibt es die *richtige* Lesegeschwindigkeit? Und sollte man spannende Szenen wirklich langsam und leise lesen? Oder wäre es im Einzelfall nicht angebrachter, gerade diese Szenen besonders laut und schnell zu lesen? Soll man nun ins Publikum gucken oder nicht? Ich sage definitiv: Ja! Es gibt zwar niemanden, der diese Art des Publikumkontakts für falsch hält, aber anderen Jurymitgliedern ist es weniger wichtig als mir. Wie sehr darf ein Text einstudiert werden? Wo verlaufen die Grenzen zwischen einer guten Performance und einer guten Lesung – die Kinder machen ja kein Casting an einer Schauspielschule, sondern sie sollen vorlesen. Nachdem die Kinder vorgelesen haben, wird daher lange diskutiert, und am Ende setzt sich ein Kandidat durch. Oft eine Kandidatin. Streit hat es innerhalb der Jury noch nie gegeben. Aber in einem Fall war ich vollkommen anderer Meinung als der Rest der Jury, und einmal konnte sich ein anderes Jurymitglied nicht mit der Mehrheitsentscheidung identifizieren.

Die Wuppertaler Wettbewerbe haben entweder in einer der Bibliotheken oder in der Mayerschen Buchhandlung stattgefunden. Es ist beruhigend zu sehen, wie Kinder in diesen Umgebungen in ihren Büchern versinken und mit Begeisterung vorlesen. Man sollte langfristig versuchen, diese besonders lesebegeisterten Kinder irgendwie zusammenzuführen. Solche Veranstaltungen könnten ja der Beginn eines Lesezirkels sein, der dann ebenfalls in Buchhandlungen oder in den Bibliotheken stattfindet. Der Grundstein für eine Art Club der toten Dichter.

Diese Art Wettbewerb fördert massiv die Vorlesebegeisterung zahlreicher Sechstklässlerinnen und animiert Deutschlehrer, das Vorlesen für einen gewissen Zeitraum in den Unterricht zu integrieren.

Einen Kritikpunkt habe ich aber dennoch: Warum in der sechsten Klasse, oder genauer: Warum *nur* in der sechsten Klasse? Warum nicht in der vierten, dann muss es ja kein Bundesentscheid sein, dann in der sechsten, dann in der achten und noch mal in der zehnten Klasse? Nicht organisierbar? Doch! Es gibt genug Buchhandlungen und Bibliotheken, die langfristig davon profitieren würden, sollte man Kindern und Jugendlichen nicht nur in der sechsten Klasse für das Vorlesen sensibilisieren. Sie wären gewiss bereit, drei- oder viermal pro Jahr einen Endausscheid in ihrem »Haus« stattfinden zu lassen. Und potenzielle Jurymitglieder ließen sich auch für mehrere Wettbewerbe im Jahr finden. Ich selbst fände es zum Beispiel durchaus spannend zu sehen, welche Bücher sich die älteren Schüler aussuchen. Es gibt auch genug Deutschlehrer. Und wenn die überfüllten

Lehrpläne Vorbereitungen auf solche Wettbewerbe nicht zulassen, dann muss man die Lehrpläne entrümpeln.

Erhard Dietl betont, dass er Lesewettbewerbe als Motivation »wunderbar« finde, und Martin Baltscheit weist darauf hin, dass die »Literaturförderung für Kinder neu geregelt werden« müsse. Das finde ich auch. Der Staat, für den Bildung ja eine hoheitliche Aufgabe ist, muss an dieser Stelle ansetzen und das Vorlesen an Schulen fördern. Nicht nur in den sechsten Klassen. Davon haben übrigens alle Kinder etwas. Denn in den klasseninternen Vorentscheiden stellen in der Regel *alle* Schüler ein Buch vor, indem sie daraus vorlesen. (Das hoffe ich jedenfalls.)

Langer Rede kurzer Sinn: Der bundesweite Vorlesewettbewerb ist eine großartige Sache! Gerade deshalb sollte sich dieser Wettbewerb nicht auf sechste Klassen beschränken.

# Orientierungshilfen im Bücherlabyrinth

## Nachfragen lohnt sich!

Angenommen, Herr und Frau Müller haben ein Kind, und bei einer der zahlreichen U-Untersuchungen bekommen Herr und Frau Müller von der Kinderärztin Folgendes zu hören: »Sie sollten Ihrem Kind jeden Abend vorlesen!«

Man kann davon ausgehen, dass Herr und Frau Müller unabhängig von ihrem Bildungsstand eine Vorstellung davon haben, was die Kinderärztin damit meint. Aber wissen sie auch, *was* sie dem Kind vorlesen sollen? Wenn sie selbst keinen Bezug zu Büchern haben, und solche Leute gibt es vor allem in »bildungsfernen« Schichten (aber es rühmen sich durchaus auch Akademiker damit, selten oder nie zu lesen), dann haben sie ein Problem. Sie werden vermutlich keine Ahnung haben, was sie vorlesen sollen. Und vielleicht haben dieses Problem auch Väter und Mütter, die in den zurückliegenden Jahren sämtliche Krimis von Donna Leon oder Henning Mankell und nebenbei die ausufernden Thriller von Frank Schätzing gelesen haben, aber mit Kinderliteratur genauso wenig am Hut haben wie der Nachbar, der Literaturwissenschaftler ist und alle klassischen Dramen gleich mehrfach gelesen hat. Und dann … haben solche Leute plötzlich ein Kind, und einem Kind kann man weder mit zwei, noch mit fünf noch mit acht Jahren *Der Schwarm* oder *Faust* vorlesen.

Was tun? Ganz einfach! Obwohl man bei Amazon den Begriff Kinderbuch oder auch Vorlesebuch eingeben kann und dann unglaublich viele Empfehlungen mit reichlich Bewertungen bekommt, sollte man mal wieder eine Buchhandlung betreten oder mit der Buchhändlerin, mit der man eh jede Woche über Krimis diskutiert, nun über ein anderes Thema diskutieren. Die Buchhändlerin weiß mit

Sicherheit, welche Bücher sich für ein zweijähriges, ein fünfjähriges und auch ein achtjähriges Kind zum Vorlesen anbieten. Und wenn man zuvor noch nie eine Buchhandlung betreten hat, dann wird man vielleicht sogar staunen, wie viele Bücher eine Buchhändlerin empfiehlt. Und da viele der Titel vorrätig sein werden, kann man sogar gemeinsam darin blättern, und das Kind, das man mitgenommen hat, wird sich wahrscheinlich gleich zwei oder drei Bücher »aussuchen«.

Nachfragen lohnt sich auch in Bibliotheken – das Bibliothekspersonal sollte jedenfalls vor allem im Kinder- und Jugendbereich erstens Ahnung von Kinder- und Jugendbüchern haben und zweitens unbedingt bereit sein, sich von Kindern und Jugendlichen und deren Eltern in Gespräche verwickeln zu lassen. Der Vorteil ist, dass man gleich einen ganzen Sack Bücher mitnehmen und testen kann. Der Nachteil vor allem bei Kleinkindern ist: Es ist nicht besonders angenehm für spätere Leser, angekaute Bücher vorlesen zu müssen. Vor allem die ersten Bücher, die man aber eh dutzende Male vorliest, eignen sich zum Kauf. Übrigens halte ich es für extrem wichtig, dass ein anderthalbjähriges Kind das Buch anfassen kann. Dass es Klappen aufmachen oder an einem weichen Schafsohr ziehen darf. Und ja, es sollte ruhig mal reinbeißen dürfen in das Buch. Denn auf diese Weise entsteht eine ganz besondere Nähe. Vor allem Kleinkinder sollte man deshalb von leuchtenden und blinkenden Kinder-E-Books fernhalten. Nicht auszudenken, was sie mit Büchern verbinden, wenn sie angeschnauzt werden, nur weil sie einmal gut gelaunt am E-Book geleckt haben.

Wen man ebenfalls immer fragen kann, das sind die Erzieherinnen und Grundschullehrerinnen. Die meisten von ihnen wissen bestens Bescheid, welche Bücher für welches Alter geeignet sind. Aus eigener Erfahrung. Man kann natürlich auch eine Nachricht mit dem Wortlaut »Was lest ihr euren Kindern eigentlich vor?« in die WhatsApp-Elterngruppe schreiben. Wahrscheinlich bekommt man innerhalb einer halben Stunde ein Dutzend Empfehlungen.

Zugegeben sind meine Vorschläge ziemlich banal, und sobald jemand keinen Plan hat, was er denn vorlesen könnte, ist es das Naheliegendste, zu fragen. Aber oft kommt man gerade nicht auf das Naheliegendste.

Nicht ganz so naheliegend, aber unglaublich spannend, interessant und informativ ist es, sich wirklich mal auf Was-soll-ich-bloß-vorlesen-Recherche zu begeben. Das ist vor allem für all diejenigen interessant, die wenig Kontakt zu Vorleseexperten haben, weil sie auf dem Land wohnen, das zweijährige Kind noch nicht in die Kita geht und sowohl die nächstgelegene Buchhandlung als auch Bibliothek achtunddreißig Kilometer entfernt zu finden sind.

## Wenn man niemanden fragen kann ...

Um Missverständnissen vorzubeugen: Ich werde sowohl hier als auch im Folgenden, wo es um konkrete Buchtipps geht und um Autoren, die mich beeinflusst haben, viele »Produkte« geradezu anpreisen. Meine Auswahl ist radikal subjektiv! Sie beruht, und zwar ausschließlich, auf meinen persönlichen Erfahrungen der zurückliegenden zehn Jahre oder auf ebenfalls subjektiven Vorschlägen der Autoren, Buchhändler und Experten, die schon an anderer Stelle zu Wort gekommen sind.

Wenn man keine Lust auf ein Gespräch hat, dann kann man sich in Zeitschriften oder anderen Printprodukten und natürlich auch im Internet informieren Abgesehen von Amazon und Thalia.de bzw. Hugendubel.de usw. gibt es auch Seiten, die sich auf Kinderbücher spezialisiert haben. Diese Seiten sollte man konsultieren, um zu vermeiden, dass man durch irgendeine zweideutige Eingabe seinem vierjährigen Kind im Eifer des Gefechts versehentlich ein Kochbuch bestellt.

- Die Seite *buecherkinder.de* bietet sich zum Beispiel als Rechercheportal an. Auf dieser Seite findet man Empfehlungen für die Kategorien ...
  ... Bilderbücher,
  ... Kinderbücher,
  ... Jugendbücher,
  ... junge Literatur,
  ... Hörbücher (die das Vorlesen aber nicht ersetzen) und
  ... Apps.

Die Kategorien sind ihrerseits noch mal unterteilt. Die Kategorie ›Bilderbücher‹ zum Beispiel in …

… Pappbilderbücher,

… zum Vorlesen,

… ohne (viel) Worte,

… Sachbilderbücher,

… Wimmelbücher und

… mehrsprachige Bücher.

Selbstverständlich kann man über jedes Buch auch »mehr lesen«. *buecherkinder.de* ist die optimale Internetadresse, um sich a) zu informieren oder um b) auf neue Ideen für die eigene Kinderbibliothek zu kommen.

– Die Seite *netzwerkvorlesen.de* bietet Buchempfehlungen konkret nach Alter an: http://www.netzwerkvorlesen.de/service/leseempfehlungen/
Man kann zum Beispiel auf das Alter 0–3 Jahre klicken und erhält Empfehlungen mit jeweils ausführlichem Kommentar. Man findet auf der Seite auch Vorlese- und Lesetipps, die vor allem für Jungs besonders geeignet sind, und zwar unter: http://www.netzwerkvorlesen.de/vorlesen-aber-wie/zielgruppenspezifisches-vorlesen/jungen

– Wer sich lieber mit einer Zeitschrift oder Zeitung auf den Balkon setzt und sich auf diese analoge Art informieren möchte, sollte sich das *Bücher-Magazin* kaufen, das alle zwei Monate erscheint. Der Kinder&Jugendliteratur-Teil ist mehrere Seiten stark, umfasst Tipps für alle Altersstufen und bietet für die besonders Interessierten auch Hintergrundberichte.

– Darüber hinaus gibt es auch die *Kinder-Bücher*[40], die man mit ein wenig Glück noch immer als Printexemplar bekommt. Auf über hundert Seiten kann man sich über alles Mögliche informieren. Und natürlich werden Kinderbücher (und Hörbücher) für alle

---

40 Am besten hier versuchen: http://www.falkemedia-shop.de/kinderbuecher-1531.html

Altersstufen besprochen. Außerdem werden Kinderbuchautoren vorgestellt oder interviewt. Kirsten Boie kommt zum Beispiel ausführlich zu Wort. In diesem Gespräch antwortet sie auf die Frage, was denn der beste Weg sei, »das Leseinteresse von Kindern und Jugendlichen zu wecken« passenderweise: »Der beste Weg ist es, ganz früh mit dem Vorlesen anzufangen.«

Das komplette Gespräch unterstreicht, dass es in diesem Magazin nicht nur um Bücher selbst, sondern auch um die Liebe zum Buch und um das Vorlesen geht.

– Lesens- und blätternswert ist auch der *Kilifü,* der Almanach für Kinderliteratur. Sandra Rudel, ihrerseits Buchhändlerin und eine der Initiatorinnen dieses Almanachs, bewirbt das eigene Produkt folgendermaßen:

*Kilifü* ist für uns ein kleiner Traum. Ein Führer durch die Kinder- und Jugendbuchproduktion eines Jahres – er wurde zusammen mit der Kinderbuchhandlung *schmitz junior* und dem Buchlogistiker *KNV* im Herbst 2012 als Werbemittel und Marketingmaßnahme für den stationären Buchhandel zum ersten Mal umgesetzt. Der Almanach umfasst über 300 aktuelle Buchempfehlungen – von uns entdeckt, gelesen und getestet, ergänzt durch Berichte rund um das Kinderbuch.

Im Vordergrund steht der Spaß – der Spaß an Bildern und an Geschichten. Es darf auch gerne traurig oder nachdenklich stimmend sein, aber wir sprechen Empfehlungen ohne den erhobenen Zeigefinger aus. Denn nur wer als Kind die Lust am Lesen entdeckt, wird irgendwann für sich entscheiden, was gute Bücher sind.

Wir möchten die Neugierde fördern – sei es mit unseren persönlichen Tipps oder mit der Begegnung mit Autoren und Illustratoren und Verlegern. Deshalb kommen im *Kilifü* auch ganz unterschiedliche Buchmenschen zu Wort.[41]

Fragen Sie einfach in Ihrer Buchhandlung (das empfehle ich ja eh) oder bestellen Sie ein Exemplar auf der *Kilifü*-Homepage. Der *Kilifü* berücksichtigt bei seinen Empfehlungen selbstverständ-

---

41  http://kilifue.de/was-ist-kilifue/

lich die unterschiedlichen Altersklassen der Kinder und beginnt dementsprechend (wie *buecherkinder.de*) mit der Kategorie *Aus Pappe* und endet mit *Für Große*. Man entdeckt so einiges. Man könnte ihn auch einem Kind in die Hand drücken, und das Kind darf dann Kreuzchen machen, zum Beispiel vor Weihnachten.

– Es gibt auch Anregendes im Abonnement. Das *Bücher-Magazin*, logisch. Aber auch die Zeitschrift *Eselsohr*[42], in der es jeden Monat nicht nur um Rezensionen und Empfehlungen, sondern auch um verschiedenste Aspekte des Kinder- und Jugendbuchmarktes geht. Auf der Homepage wird außerdem jeden Monat »der Esel des Monats« empfohlen. Auf diese Art werden die Lieblingsbücher der Redaktion gekürt.

– Wenn man regelmäßig mit Geschichten versorgt werden möchte, könnte man den *Gecko*[43] abonnieren. Der *Gecko* präsentiert sich so: Intelligent, einfühlsam und ganz ohne Werbung – das war unser Traum einer Kinderzeitschrift für Vorschulkinder. Und er ist wahr geworden. Seit September 2007 ist der Gecko auf dem Markt. Entwickelt haben wir diese Zeitschrift aus der Überzeugung, dass es im neuen Europa immer wichtiger ist, die Kinder frühzeitig ans Lesen heranzuführen. Dafür ist eine Zeitschrift das ideale Medium. Sie ist vielfältig, und jeder kann darin für sich etwas finden. Gecko versteht sich außerdem als Forum für Autoren und Illustratoren. Wir haben uns vorgenommen, neben deutschsprachigen Werken auch die Vielfalt der internationalen Kinderliteratur vorzustellen. Künstlerisch wertvolle Illustrationen in unterschiedlichen Zeichenstilen regen das ästhetische Gespür der Kinder an mit Anregungen zum Basteln und Weiterspielen, zum Verwandeln und Anverwandeln. Die Geschichten im *Gecko* wecken Leselust und Freude am Spiel mit der Sprache. Sie sprechen Themen aus dem Alltag der Kinder an, drehen sich mal um Tiere, mal sind sie poetisch oder frech – jedenfalls humorvoll; ganz nach dem Motto des französischen Kinderbuchautors Claude Boujon: »Geschichten für

---

42  http://www.eselsohr-leseabenteuer.de/
43  http://www.gecko-kinderzeitschrift.de/

Kinder, wissen Sie, sollten die Kinder amüsieren und sie zugleich anregen, über das Leben nachzudenken.«

## Kinder- und Jugendbuchpreise

Der bedeutendste Preis, der ausschließlich Kinder- und Jugendbücher auszeichnet, ist vermutlich der deutsche Jugendliteraturpreis. In den Informationen zum Preis heißt es:

> Der Deutsche Jugendliteraturpreis wird seit 1956 vom Bundesministerium für Familie, Senioren, Frauen und Jugend gestiftet und jährlich verliehen. Er wird aus Mitteln des Kinder- und Jugendplanes des Bundes finanziert. Ziel des Deutschen Jugendliteraturpreises ist es, Kinder und Jugendliche in ihrer Persönlichkeit zu stärken und ihnen Orientierungshilfe bei einem schier unüberschaubaren Buchmarkt zu bieten. Ausgezeichnet werden herausragende Werke der Kinder- und Jugendliteratur.[44]

Es handelt sich nur insofern um einen *deutschen* Jugendliteraturpreis, als die ausgezeichneten Bücher auf Deutsch erscheinen. Die Preisträger des Jahres 2014 lauteten:

- in der Kategorie Bilderbuch: *Akim rennt* von Claude K. Dubois (Text/Illustration) aus dem Französischen von Tobias Scheffel, erschienen im Moritz Verlag,
- in der Kategorie Kinderbuch: *Königin des Sprungturms* von Martina Wildner (Text), erschienen bei Beltz & Gelberg,
- in der Kategorie Jugendbuch: *Wie ein unsichtbares Band* von Inés Garland (Text), aus dem Spanischen von Ilse Layer, erschienen bei Fischer KJB,
- in der Kategorie Sachbuch: *Gerda Gelse (Allgemeine Weisheiten über Stechmücken)* von Heidi Trpak (Text) und Laura Momo Aufderhaar (Illustration), erschienen im Tyrolia-Verlag (eh. Wiener Dom-Verlag).

---

44  http://www.djlp.jugendliteratur.org/preis-2.html

Unter http://www.djlp.jugendliteratur.org/2014/archiv_rueckblicke-24. html kann man sich über alle Nominierten und späteren Preisträger informieren, und zack, schon hat man Empfehlungen für ein gutes Dutzend Bilder-, Kinder- und Jugendbücher.

Der Preisstifter ist die Bundesministerin für Familie, Senioren, Frauen und Jugend, und da dieser Posten seit dreißig Jahren von einer Frau besetzt wird, handelt es sich eigentlich um eine Preisstifterin. In ihrem Grußwort des Jahres 2014[45] heißt es:

> Kleine und große Leserinnen und Leser suchen das Abenteuer. Sie folgen den Geschichten in fantasievolle Welten und finden dort Neues und Rätselhaftes. Die Suche lohnt sich. Walt Disney hat einmal gesagt, dass mehr Schätze in Büchern zu finden sind als auf jeder Pirateninsel: »Und das Beste ist, du kannst diesen Reichtum jeden Tag deines Lebens genießen.« Wer jedoch einen Schatz heben will, der braucht – auf dem Buchmarkt wie auf der Pirateninsel – eine Schatzkarte.«[46]

Das klingt fast schon poetisch. Dass dieser Preis von einem Ministerium verliehen wird, ist ein Signal: Auch der Staat scheint der Kinder- und Jugendliteratur eine gewisse Bedeutung beizumessen. Schade nur, dass dieser Preis vor allem von den Buchhändlern, Kinderbuchverlagen und den Autoren selbst wahrgenommen wird. Natürlich werden die gekrönten Titel in den Feuilletons der überregionalen Zeitungen erwähnt. Aber ist tatsächlich schon mal eine Dankesrede oder eine Stellungnahme eines Preisträgers auf Seite Eins des Feuilletons einer bedeutenden Zeitung abgedruckt worden? Hat es schon mal ein ganzseitiges Gespräch mit einem der ausgezeichneten Autoren in einem Feuilleton gegeben? Bei den Preisträgern des Büchnerpreises oder des Friedenspreises des deutschen Buchhandels ist das der Regelfall. Ich kann die Zeitungen und auch die Fern-

---

45  Die Grußworte setzen tatsächlich immer einen anderen Akzent. Ich unterstelle allerdings, dass die Grußworte nicht die Ministerin selbst geschrieben hat.

46  http://www.djlp.jugendliteratur.org/vorwort-1.html

sehsender nur dazu aufrufen, sich mit diesem und anderen Kinder- und Jugendliteraturpreisen ähnlich intensiv zu befassen wie mit den bedeutenden Preisen für »Erwachsenenliteratur«.

## Der Leipziger Lesekompass

Eine originelle Orientierungshilfe im Bücherlabyrinth ist der Leipziger Lesekompass. Auf der Internetseite der Leipziger Buchmesse, die gemeinsam mit der Stiftung Lesen den Preis ins Leben gerufen hat, steht Folgendes:

Wie können Eltern und pädagogische Fachkräfte Kindern und Jugendlichen die Lust am Lesen vermitteln? Der Leipziger Lesekompass gibt ihnen und allen anderen Interessierten einmal im Jahr eine konkrete Orientierungshilfe für die Auswahl geeigneter Titel an die Hand.

Leipziger Buchmesse und Stiftung Lesen haben den Leipziger Lesekompass gemeinsam ins Leben gerufen, um Bücher und andere Medien zu prämieren, die Lesespaß mit einem leseförderndem Ansatz verbinden. [...]

Prämiert werden jeweils Neuerscheinungen, die im Zeitraum zwischen zwei Leipziger Buchmessen (zwischen März und März) erschienen sind. Eine Vorauswahl wird durch die Stiftung Lesen getroffen, die finale Bewertung findet durch eine Fachjury statt.

Diese Jury wählt Titel aus, die aktuelle Trends aufgreifen und einen Bezug zu den Lebenswelten von Kindern herstellen. Die Leseempfehlungen weisen nicht nur Titel aus, die leidenschaftliche Leserinnen und Leser ansprechen, sondern auch solche, die das Interesse von »Lesemuffeln« wecken sollen. Auch die unterschiedlichen Lesevorlieben von Jungen und Mädchen werden berücksichtigt.

Empfohlen werden jeweils zehn Bücher und Medien aus drei Kategorien:

für Kinder von zwei bis sechs Jahren

für Kinder von sechs bis zehn Jahren
für Kinder von zehn bis 14 Jahren[47]

Diejenigen unter den Vor- und auch Selbstlesern, die sich einen
Überblick verschaffen wollen oder die alle Klassiker längst gelesen
haben und auf der Suche nach etwas Aktuellem sind, finden unter
den ausgezeichneten Büchern garantiert *ihr* Buch. Denn es wird
eben nicht nur ein Buch pro Kategorie empfohlen, sondern gleich
zehn. Wenn man ein vierjähriges Kind hat, dann könnte man sich
die aktuell prämierten Titel[48] (oder auch die Titel der vergangenen
Jahre) anschauen, und schon hat man gleich mehrere Ideen, was man
seinem Kind als Nächstes vorlesen oder schenken könnte.

Der Lesekompass bietet sich auch deshalb als Orientierungshilfe
an, weil es eben erst einmal nicht um den pädagogischen Anspruch
eines Kinderbuchs geht. Eine »Botschaft« ist keineswegs ein Aus-
schlusskriterium, aber es kommt tatsächlich vor allem darauf an, ob
ein Buch Lesefreude entfachen könnte.

Für mich selbst war die Jurytätigkeit aus mehreren Gründen ein
Ereignis. Zum einen genoss ich es, plötzlich Stammgast auf der Leipziger Messe zu sein. Auch im Jahr nach meiner Jurytätigkeit bin ich
von der Messe eingeladen worden – und ich habe die Einladung
gern angenommen. (Und sollte ich irgendwann nicht mehr eingeladen werden, werde ich trotzdem jedes Jahr wieder nach Leipzig
fahren …)

Zum anderen kam drei Jahre lang Ende November, spätestens
Anfang Dezember ein Paket mit vielen, vielen Büchern. Es glich
immer einem durchaus feierlichen Moment, das Paket gemeinsam
mit meinem Sohn aufzumachen und die Bücher in die Hand zu
nehmen, sie zu sortieren (oft nach Umfang) oder von denjenigen,
die am interessantesten wirkten, die Folie abzureißen und darin
zu blättern.

---

47  http://www.leipziger-buchmesse.de/lesekompass/
48  http://www.leipziger-buchmesse.de/media/Programm/Fokus-Bildung/Lese-
    kompass/2015/PR-Leporello-Lesekompass-2–6-Online-Einsatz.pdf

Von Beginn an haben mein Sohn und meine Frau mir »geholfen«, was dazu geführt hat, dass wir jeweils einen Monat lang täglich über Bücher gesprochen und diskutiert haben. Dass mein Sohn mit derartiger Begeisterung mitgemacht hat, lag wohl auch daran, dass er über viele Jahre hinweg in der Familie erfahren hat, wie großartig, aufregend und spannend Bücher sind.

Über mein erstes Juryjahr habe ich einen Bericht geschrieben. Hier ist er:

## Aus dem Leben eines Jurymitglieds

Die Freude über meine Jurorentätigkeit für den Leipziger Lesekompass in der Kategorie für 10–14-Jährige wich der Verzweiflung, als das Buchpaket kam. Die Bücher – darunter zwei Hörbücher, die in Buchform siebenhundert Seiten umfasst hätten und gebunden wesentlich schwerer gewesen wären – wogen exakt zehn (!) Kilo. Für meinen achtjährigen Sohn war es, als wären Weihnachten und der Geburtstag zusammengefallen. Er schlug vor, die aktuelle Vorleselektüre *(Käpt'n Blaubär)* zu unterbrechen und abends eines der Bücher vorzulesen. Warum nicht? Und in der Tat: Vorlese- und Arbeitszeit sollten sich in den folgenden Wochen jeden Abend eine halbe Stunde lang decken. Ich war dennoch entsetzt. Denn ich sollte (die siebenhundert Hörbuchseiten inklusive) über 5500 Seiten lesen! Na toll. Das entsprach – wir hatten ja nur wenige Wochen Zeit – einem täglich zu bewältigenden Leseberg von über 150 Seiten.

Die erste Aktion war dann auch nicht der Beginn, sondern der Abbruch einer Lektüre: *1Q84* von Murakami wurde auf Seite 344 mitten im Kapitel vorläufig beendet. Aber mit welchem Buch sollte ich anfangen? Einfach mit dem ersten Buch auf der Liste? Das wäre dann ein Buch gewesen, das mich nicht angesprochen hätte. Gleich einen der dicken Wälzer? Nee, es wäre zu frustrierend gewesen, gleich für das erste Buch vier Tage zu brauchen. Beim dünnsten Buch handelte es sich um eine Art erzähltes Sachbuch über Vampire. Mit diesem Buch fing ich an.

Als meine Frau abends von der Arbeit kam und ich ihr mein Leid klagte, schüttelte sie den Kopf, dachte vermutlich, so doof kann auch bloß wieder mein Mann sein, und sagte, man müsse die Bücher doch nicht ganz lesen, Hauptsache man erhalte einen »bewertungsrelevanten Eindruck« (sie ist Wissenschaftlerin). Außerdem würde sie ja auch helfen und einige Bücher lesen. Sofort gab ich ihr eine kleine Auswahl an Büchern, die auf den ersten Blick eher etwas für Mädchen waren und daher eh nicht in Betracht kamen. Nun stand in der Ausschreibung zwar nicht explizit, dass der Lesespaß unbedingt geschlechtsübergreifend vermittelt werden sollte. Aber da Jungs offiziell weniger (gern) als Mädchen lesen, wäre es schlicht idiotisch, würde man Bücher empfehlen, deren Cover und Titel ausschließlich weibliche Leser ansprächen.

Schon wenige Tage nach Beginn des Lesemarathons stellte ich fest, wie sehr sich die Wahrnehmung für den Wert von Zeit veränderte. Zum Beispiel konnte ich die Weihnachtsfeier der Ganztagsbetreuung in der Grundschule nicht genießen. Sie begann um halb drei und endete um drei. Ohne Auto lohnte es sich nicht, noch einmal nach Hause zu fahren und zu lesen, also nahm ich meinen Sohn gleich mit und holte ihn somit um drei und nicht erst um vier ab. Ein einziger Gedanke schoss mir durch den Kopf: Eine Stunde Lesezeit ist verpufft.

Beim Legobauen hörten mein Sohn und ich nicht mehr *Star Wars,* sondern die Hörbücher. Auch der Ehealltag veränderte sich: Weder guckten meine Frau und ich abends DVDs, noch lasen wir Zeitung oder Erwachsenenromane. Sondern wir lasen Kinderbücher. Erst auf dem Sofa. Dann im Bett. Plötzlich redeten wir nicht mehr über Murakami (s. o.), sondern über ein zwölfjähriges Mädchen namens Zoë, die Protagonistin des gleichnamigen Buchs.

Das Lesen war übrigens keine Qual, sondern es war wie eine Weltreise: Ich wurde nach Rumänien, nach Afghanistan, in den Iran, nach Frankreich, nach Holland, in die USA und nach England entführt. Und sie war abenteuerlich, die Weltreise: Ich erlebte mit den Protagonisten manchmal wilde, manchmal alltägliche, manchmal ein wenig hanebüchene, aber nie langweilige Abenteuer. Und natürlich begab ich mich nicht nur auf eine Weltreise, sondern zugleich auf eine Zeitreise, die mich ins Mittelalter, in die Dreißiger Jahre des zwanzigsten Jahrhunderts, in den Zweiten Weltkrieg und in die Zukunft katapultierte.

Das Entsetzen über die Quantität war schon nach Lektüre der ersten drei Bücher einem Staunen über die Qualität der Vorauswahl gewichen.

Die Juryarbeit wäre das purste Vergnügen gewesen, hätten die Tage nicht bloß vierundzwanzig Stunden gehabt. Deshalb war die Freude groß, als ein Buch nach zweihundert Seiten in Hinblick auf die Kriterien so wenig Potenzial erkennen ließ, dass die folgenden fast dreihundert Seiten überflogen werden konnten. Ich fühlte mich dabei wie ein Wanderer, der auf einer viel zu lang geratenen Wanderung unverhofft eine Abkürzung entdeckte. Die Freude währte allerdings nur kurz, denn meine Frau legte mir bis zum Jahresende ein Buch nach dem anderen mit dem Kommentar zurück: »Das musst du selbst lesen, das ist toll!« (Alle Bücher, die es auf die Liste mit den Favoriten schaffen sollten, wollte ich komplett selbst lesen.)

Beim Bergfest blickte ich stolz zurück: 2500 Seiten waren gelesen worden. Das hieß leider auch: 3000 (!) Seiten fehlten noch. Und Heiligabend, die Weihnachtsfeiertage, Silvester und Neujahr lagen in der zweiten Hälfte der Lesezeit.

Die Zeit verrann erbarmungslos, aber Heiligabend konnte ich trotzdem nicht und am ersten Weihnachtstag nur wenig lesen. Meine Kinder hatten zwar Verständnis für meine Leserei. Aber Heiligabend … das ging einfach nicht. Auf die traditionellen Familientage über Neujahr bei der Verwandtschaft verzichtete ich allerdings – es blieb mir auch keine andere Wahl. Obwohl mich meine Frau und die Kinder in Ruhe ließen (weil sie nicht da waren), fühlten sich die letzten Tage des Lesemarathons an wie die letzten fünf Kilometer eines Laufmarathons. Irgendwie konnte ich nicht mehr, aber es fehlten noch fünf Bücher. Also las ich am letzten Tag des Jahres 330 Seiten. Und so wie das Jahr aufhörte, begann dann auch das neue.

Das letzte Buch – 300 Seiten lang – las ich am allerletzten Tag. Dann, kurz vor dem Leseburnout, war es geschafft. Da ich wochenlang ständig und fast ausschließlich über die Bücher nachgedacht hatte, fiel es mir nicht schwer, eine eigene Auswahl zu treffen.

Hatte diese Arbeit außer dem Spaßfaktor einen Mehrwert gehabt? Ja, denn ich hatte vielen Büchern gegenüber Vorurteile, die so massiv waren, dass ich sie meiner Frau gegeben hatte. Wie grausam, hätte ich mich bis zum Schluss geweigert, eines der »Mädchenbücher« zu lesen. Dann hätte ich diese verrückt-lebendige *Zoë* (von Clay Carmichael), dieses elternlose Mädchen, das in eine Reihe mit Pippi Langstrumpf, Ronja Räubertochter und Hermine Granger gehört, nie kennenlernen dürfen. Und was hätte ich verpasst, wenn ich dieses äußerst umfangreiche Buch mit dem kitschigen Cover nicht gelesen hätte? Viel! Denn *Das verbotene Eden* (von Thomas Thiemeyer), das ich in einem Buchladen nicht mal mit Handschuhen angefasst hätte, war nichts anderes als ein klassischer Pageturner für Jugendliche ...

Vor allem aber hat das Dauerlesen eines bestätigt: Lesen ist und bleibt etwas Einzigartiges. Nichts lässt einen für Stunden, Tage und Wochen mehr abtauchen in eine andere Welt, die man Seite für Seite entdeckt.

Und? Wie sah der erste Abend nach der Pflichtlektüre aus, die sich über viele Wochen lang hingezogen hat? Richtig. Ich las. Es ging weiter auf Seite 344 in *1Q84*.

Nachtrag: Auch in den Jahren 2013 und 2014 habe ich dank *Lesekompass* ganz verzückende Entdeckungen gemacht. In meiner Kategorie (zehn bis vierzehn) vor allem *Stuart Horton* von Lissa Evans und *Das Königreich der Pilze* von Mary Amato und Georg Reinhardt, *12 Things to do before you crash and burn* von James Proimos und *Maulina Schmitt*, also immerhin auch *ein* deutscher Titel, von Jan Ole Heinrich und Rán Flygenring. Und natürlich habe ich als Jurymitglied in den anderen Kategorien nach Vorlesebüchern für meine in der ersten Runde erst fünfjährige Tochter gesucht und *Nur Mut, kleiner Linus* von Mario Ramos, *Kleiner Riese, Großer Zwerg* von Werner Holzwarth und Barbara Nascimbi und vor allem *Ein glückliches Leben* von Rose Lagercrantz und Eva Eriksson entdeckt.

Dass es bei einem so breit gefächerten Preis auch der eine oder andere meiner Ansicht nach eher schwache Titel auf die Top-Ten-Liste geschafft hat, ist normal. Außerdem waren die anderen Jurorinnen offenbar anderer Meinung – sonst hätten die Titel es ja eben nicht geschafft.

Immer wieder habe ich bis hierher einzelne Autoren und Titel genannt. Im Folgenden soll es ausschließlich um konkrete Empfehlungen gehen.

# Konkrete Empfehlungen

Es gibt Hunderte Kinderbuchautorinnen und -autoren, die sowohl die Vorleser als auch die Zuhörer verzaubern, aber ich muss mich leider beschränken. Dazu, wo man andere und mehr Empfehlungen findet, steht das Wichtigste im vorigen Kapitel. Deshalb konzentriere ich mich hier auf die Autorinnen und Autoren, die ich durch das Vorlesen kennengelernt oder wiederentdeckt habe und, ganz wichtig, auf die ich mich stets verlassen konnte. Diese Autoren und vor allem ihr Werk stelle ich ausführlich vor und greife dabei auch auf Texte zurück, die entweder für den Vorleseclub oder das Karl-May-Magazin entstanden sind.

Von diesen Autoren, die ich exklusiv vorstelle, habe ich nicht nur ein einziges, sondern viele Bücher vorgelesen. Entweder vollkommen unterschiedliche für unterschiedliche Zielgruppen oder mehrere Bände einer Reihe. Letzteres trifft auch auf Gunilla Bergström zu. Einen einzelnen ihrer *Willi-Wiberg*-Band vorzulesen, dauert knapp fünfzehn Minuten. Alle *Willi-Wiberg*-Bände vorzulesen, dauert demnach drei Abende. Deshalb empfehle ich die wunderbaren Bände »nur« im Kapitel *Mein persönlicher Kanon,* in dem man einen zügigen Überblick bekommt über garantiert Vorlesenswertes für verschiedene Altersstufen.

Die Empfehlungen resultieren aus einem Jahrzehnt Vorleseerfahrung. Alle Titel, die ich empfehle, habe ich tatsächlich vorgelesen. Bücher wie *Wer hat mir auf den Kopf gemacht* mindestens genauso oft wie *Bobo, der Bär.* Also extrem oft. Andere Bücher zweimal. Erst meinem Sohn, dann meiner Tochter.

Nun aber endlich zu den Autoren, die jeder mehr oder weniger kennt und bei denen das Vorlesen keinerlei Risiko birgt: Kinder, denen man aus diesen Werken vorliest, werden begeistert sein! Ich fange an mit der Königin der Kinder- und Jugendliteratur.

## Astrid Lindgren

Neulich stand unsere fünfjährige Tochter heulend im Wohnzimmer. Blut rann ihr aus der Nase. Sie stammelte irgendwas von einer Perle, die sie sich in die Nase gesteckt hat. (Bei der »Perle« handelte es sich um eine von tausend Mini-Perlen aus Plastik, mit denen man Muster stecken kann.)

Abends las ich ihr zum Trost die Geschichte *Lisabet steckt sich eine Erbse in die Nase* vor. Der Titel liest sich wie ein Resümee des Textes in einem Satz. Aber natürlich passiert in diesem Text viel mehr. Es gibt eine tolle Prügelei zwischen Lisabets Schwester Madita und einem Mädchen namens Matti. Zuvor haben sich Matti und Lisabet gestritten und wirkten, obwohl sie sich mit Begriffen wie »Rotznase« und »Balg« beleidigten, mindestens hundertmal moderner als Conni, die sich nie wirklich streitet und bei der immer alles gut ist und bleibt. Nie würde Conni zum Beispiel zu einem anderen Mädchen sagen: »Ich habe eine Erbse in der Nase, ätsch Pustekuchen, und du nicht!«

In Astrid Lindgrens Geschichten sagt ständig jemand solche Sätze. Von solchen Sätzen kann man gar nicht genug bekommen, und wenn man sie alle irgendwann gelesen hat, dann will man sofort wieder von vorne anfangen.

Vor dreißig Jahren erschien das letzte »große« Kinderbuch – *Ronja Räubertochter* – von Astrid Lindgren. Ich war damals, 1982, zehn Jahre alt und habe vom Erscheinen dieses Buchs nichts mitbekommen. Aber dennoch kannte ich Astrid Lindgren. Jeder kannte sie. Ein Mädchen, das ich in der Grundschule anhimmelte, hatte rote Haare und war sehr kräftig – und wehe demjenigen, der versuchte, sich mit ihr anzulegen! Für mich war sie wie eine kleine Pippi Langstrumpf. Der Star unter allen Astrid Lindgren-Helden war für mich damals aber nicht Pippi Langstrumpf, und die Brüder Löwenherz waren es auch nicht. Mein Held war Kalle Blomquist, den ich verehrte, bevor ich zum ersten Mal in Kontakt mit Justus Jonas, Peter Shaw und Bob Andrews kommen sollte.

Wiederentdeckt habe ich Astrid Lindgren dank meines Sohnes, der mit drei Jahren instinktsicher zu einem Buch mit einem roten

Einband griff, bei dem es sich um *Die Kinder aus Bullerbü* handelte. Meine Frau begann, ihm daraus vorzulesen. Als ich ins Zimmer kam, um zu fragen, wo sie bleibe, sagte sie:»Er will nicht, dass ich aufhöre!«

Was ihn genau an den Kindern aus Bullerbü fasziniert hat, wissen wir nicht. Vielleicht fühlte er sich von den Geschichten so angesprochen, weil er heißt wie eines der Kinder aus dem Bullerbü-Universum. Wie sehr Astrid Lindgren meinen Sohn berührte, zeigte sich allerdings erst einige Wochen später. Ich las ihm das Bilderbuch *Guck mal, Madita, es schneit* mit den unverwechselbaren Bildern von Ilon Wikland vor. Dieses Buch hat meinen Sohn derart bewegt, dass er weinen musste.

Als Vorleser muss man nicht unbedingt weinen. Aber man bekommt eine Gänsehaut, denn man denkt unweigerlich daran, wie es wäre, verirrte sich das eigene Kind bei Schneetreiben in einem dichten Wald. Man denkt daran, wie entsetzlich die Suche wäre. Und wie groß die Erleichterung, wenn das Kind abends wieder im Bett läge.

Noch während wir, mein Sohn und ich, erst Ronja auf ihren Streifzügen durch den Wald folgten und dann mit Karl nach Nangijala reisten, um gemeinsam mit Jonathan den Drachen Katla zu bezwingen, wurde das abendliche Vorlesen ein reines Vaterding. Mein Sohn war damals fünf Jahre alt und eigentlich viel zu jung für diese Bücher. Aber wir wurden einfach in die Bücher reingesogen. Sie wurden zu unserer ersten Unendlichen Geschichte.

*Ronja Räubertochter* und *Die Brüder Löwenherz*, das waren und sind vor allem spannende Bücher mit ungewöhnlich lebendigen Kindern, die im Falle Ronjas mehr so nebenbei ihre Eltern bekehren und im Falle der Brüder Löwenherz die Welt retten. Dass diese Welt ein Paralleluniversum ist, spielt keine Rolle. Nicht für die Fantasie des Kindes. Und auch nicht für die Fantasie des Vorlesers.

Die meisten Bücher Astrid Lindgrens sind in erster Linie auf höchstem Niveau unterhaltsam, charmant, witzig und verrückt. Getragen werden alle Geschichten von ihren vielen kleinen Heldinnen und Helden. Manche Figuren aus dem Astrid Lindgren-Kosmos sind einem so nah, dass man denkt, man könnte ihnen begegnen. Auf ihre berühmteste Figur Pippi Langstrumpf trifft das so nicht zu, aber auf Lotta aus der Krachmacherstraße ganz gewiss. Sie gilt als Sinnbild des garstigen, aber zugleich entzückenden Mädchens, das man an einem Tag knuddeln und am anderen Tag in den Keller sperren möchte. (Oft denke ich: Wir hätten unsere Tochter nie Lotta nennen dürfen …) Und natürlich gilt das auch für Lottas männliches Pendant, für Michel. Es gilt für die Kinder aus Bullerbü. Es gilt für Madita. Und es gilt – und auch das ist eine der ganz großen Stärken dieser Autorin – jeweils auch für Lottas und Maditas Geschwister.

Wer Astrid Lindgren im Gepäck hat, ist übrigens auch dann bei einer langen Urlaubsreise auf der sicheren Seite, wenn es gilt, ansprechende Bücher für alle fünf Kinder zu finden: Der dreijährige Sohn blättert in den Bilderbüchern, der fünfjährigen Tochter werden die Lotta-Geschichten vorgelesen, der siebenjährige Sohn liest *Michel,* die neunjährige Tochter liest Ronja und die *Brüder Löwenherz* und *Mio, mein Mio,* und dem elfjährigen Sohn, der eigentlich gar nicht gern liest, sondern lieber mit dem Handy spielt, wird *Kalle Blomquist* in die Hand gedrückt. Schnell wird er sein Handy vergessen, und wenn er die drei Bände durchgelesen hat, wartet schon *Rasmus und der Landstreicher* auf ihn. Anschließend kann er die *Brüder Löwenherz* lesen, denn dafür ist man nie zu alt.

Wenn man sich auf den Astrid-Lindgren-Planeten begibt, begibt man sich auf einen Planeten, auf dem die Zeit stehen geblieben ist. Man wird zurückkatapultiert in die Mitte des zwanzigsten Jahrhunderts, und dann noch mitten ins ländliche, kleinstädtische Leben. Es gibt keine Handys und kein Internet. Also wird auch nicht gesimst oder gemailt. Und diejenigen, die denken, dass Astrid Lindgren deshalb out ist oder bald out sein wird, die haben auch Harry Potter nicht begriffen. Denn der sagenhafte Erfolg Harry Potters, dessen Handlung ja eigentlich im Hier und Jetzt spielt, wäre undenkbar, wenn Harry und Ron und Hermine in einer gemeinsamen WhatsApp-Zaubergruppe gewesen wären oder sich via Facebook über ihre Vorhaben ausgetauscht hätten – es hätte der Freundschaft, die sieben Bände lang hält, jede Magie genommen. Dass Rowling uns eine Welt geschenkt hat, in der die geheimen Sehnsüchte nach einer unvernetzten Vergangenheit gestillt werden, war vielleicht der größte ihrer zahlreichen Geniestreiche. Vielleicht waren die Werke Astrid Lindgrens für sie wie für alle anderen Kinderbuchautoren auch ja tief in ihrem Inneren ein Vorbild.

Den Text habe ich 2012 geschrieben. Ich behaupte, dass er auch in zehn Jahren noch nichts von seiner Aktualität verloren haben wird, denn Astrid Lindgren wird immer aktuell bleiben.

Ich bin glücklich darüber und meinen Kindern dankbar, dass ich ihnen nahezu das gesamte Werk Astrid Lindgrens vorlesen durfte. Ich habe sie als Kind meines Wissens nie selbst gelesen (sondern TKKG – und dann sehr früh Krimis von Edgar Wallace und Agatha Christie, zwischendurch immer wieder Jules Verne, und ein paar Karl-May-Bände waren auch dabei).

## Otfried Preußler

Otfried Preußler starb fast neunzigjährig im Februar 2013. Seine berühmteste Figur ist mit Sicherheit Räuber Hotzenplotz, den er um über fünfzig Jahre überlebt hat. (Der erste Hotzenplotzband erschien im Jahr 1962.) Den folgenden Text, den ich um einige allgemeine Passagen gekürzt habe, schrieb ich unmittelbar nach Preußlers Tod:

Für meine Tochter bedeutete Vorlesen eigentlich immer: Pixibücher! Seitdem sie zweieinhalb ist, sind Pixibücher für sie so wichtig wie für vierzehnjährige Mädchen das Handy. Auch heute noch – sie wird bald sechs und kommt in die erste Klasse – haben wir immer Pixibücher dabei.

Eine andere Schwäche meiner Tochter waren und sind Märchen im Bilderbuchformat und Astrid Lindgrens Bilderbuchklassiker. Für mich war die Liebe meiner Tochter zu Pixis und Bilderbüchern einerseits etwas Schönes: Auch das zweite Kind liebte und liebt Bücher. Alles andere hätte mich unglücklich gemacht.

Aber was mir fehlte, war das Vorlesen ganzer Bücher. Das Eintauchen in die Geschichten. Die Vorfreude am Frühstückstisch auf das abendliche Vorleseritual. Ein Buch Abend für Abend zu lesen und Schritt für Schritt zu entdecken, das klappte nie. Wenn ich es versuchte, dann empörte sie sich:

»Jeden Abend dasselbe Buch, das ist doch doof!«

Wer ein Mal erlebt hat, in welchem Tonfall meine Tochter solche Sätze sagt, der wird mir nicht vorwerfen, dass ich in solchen Fällen wieder auf Pixis oder Bilderbücher umgestiegen bin.

Doch dann geschah etwas, was alles veränderte. Wir lasen... *Das kleine Gespenst*. Meine Tochter war zwar skeptisch, aber zum ersten Mal überhaupt schleuderte sie ein Buch nicht wutentbrannt in die Ecke, nur weil ich wagte, es auch am zweiten und sogar am dritten Abend weiterzulesen. Nachdem wir *Das kleine Gespenst* tatsächlich durchgelesen hatten, begannen wir, *Der Räuber Hotzenplotz* zu lesen. Dieses Buch war der endgültige Durchbruch. Das wurde mir an jenem Vormittag klar, als meine Tochter meiner Frau ausgiebig von Seppel und Kasperl und von der Oma und der Kaffeemaschine und vom Räuber Hotzenplotz erzählte. Und von Petrosilius Zwackelmann und davon, wie Kasperl den Namen immer wieder falsch ausspricht. Der Räuber Hotzenplotz! Worin liegt bloß die Faszination, die diese Geschichte auslöst, begründet? Vielleicht darin, dass man vom ersten Satz an spürt, dass jemand einfach eine Geschichte für Kinder erzählen wollte und dabei auch wirklich bloß an die Kinder gedacht hat, weshalb die Geschichte frei von nervtötender Pädagogik ist? Oder doch an den Namen, die beim ersten Hören kaum aussprechbar sind, die man aber den Rest seines Lebens nicht mehr vergisst?

Als ich von Otfried Preußlers Tod erfuhr, hatten wir gerade begonnen, den zweiten Hotzenplotzband zu lesen. Meine Tochter hat gesagt:

»Papa, wenn wir diesen Band durchgelesen haben, dann lesen wir den nächsten Band, und dann nehme ich alle drei Bände mit in den Kindergarten!«

Wenn ich Otfried Preußler vor dem Tod noch etwas hätte sagen dürfen, dann hätte ich einfach gesagt:

»Danke!«

Auch den zweiten und dritten *Hotzenplotz*-Band, *Der kleine Wasser-mann* und später sein vielleicht bestes Buch *Krabat,* das aber eher ein Jugendbuch ist, habe ich vorgelesen. (*Krabat* nur meinem Sohn. Eignet sich auch hervorragend zum Selbstlesen ab zehn.)

Wer keine Lust darauf hat, seinem Kind vorzulesen, wer findet, dass Vorlesen gar keinen Spaß bringen kann, der ... sollte Räuber Hotzenplotz vorlesen! Spätestens in der Szene, in der Hotzenplotz die Kaffeemaschine klaut und dabei die Oma mit den Worten »Her mit dem Ding da!« anschnauzt (und das tut er bereits nach wenigen Absätzen), sollte jeder Vorlesemuffel endgültig für das Vorlesen gewonnen sein.

Das einzige Problem an Preußlers Werken: *Der Räuber Hotzen-plotz* eignet sich nicht für Kinder ab zwei Jahren, und auch den Kindern ab zwei Jahren sollte man regelmäßig, also täglich, vorlesen. Für dieses Alter habe ich aber auch den ultimativen Tipp, der Vorlese-muffel garantiert in Vorleseenthusiasten verwandelt. Dazu an anderer Stelle mehr – nun zu einem weiteren Autor, der allein deshalb erwähnt werden muss, weil er das Lesen selbst in seinem Roman auf einzigartige Weise zum Abenteuer gemacht hat.

## Michael Ende

Aus einem Literaturlexikon[49]:

> Seinen internationalen Erfolg verdankte Michael Ende dem Talent zu mehrdimensionalen Texten, die er ganz unterschiedlichen Lesergruppen zugänglich zu machen wusste. Endes Abenteuergeschichten vereinen Elemente der Fantasy-Literatur mit solchen der Romantik, auf deren mythische Bilderwelten und reflexive Gestaltungsprinzipien der Autor bevorzugt zurückgriff. Auch inhaltlich stellte er sich in die Tradition des Antirationalismus und vertrat Fantasie und Intuition gegenüber begrifflichem Denken und naturwissenschaftlichem Weltbild.

---

49  *Das Buch der 1000 Bücher,* zitiert nach der 2. Auflage, Dortmund 2002, S. 330.

Zusammenfassend könnte man auch einfach sagen: »Michael Ende hatte unglaublich viel Fantasie.« Im Unterschied zu vielen anderen Autoren, die Fantasy oft mit rollenden Köpfen verbinden, geht es Michael Ende einfach darum, fantasievolle Welten wie Fantásien zu erfinden. Welten, die in den Köpfen der Kinder zu Paradiesen werden, in denen man verrückteste Abenteuer erlebt.

Wichtiger und mit Sicherheit die wesentlich größere Kunst, als solche Welten zu erschaffen, ist es, diese Welten mit Figuren zu füllen, die unverwechselbar sind. Und genau dies ist Michael Ende gelungen.

Die beiden titelgebenden Hauptfiguren aus *Jim Knopf und Lukas der Lokomotivführer* reichen eigentlich aus, um aus der Geschichte, die erzählt wird, ein unvergessliches Abenteuer zu machen. Denn beide Figuren begleitet man – sowohl der Vorleser als auch die Zuhörer – gern auf ihrem Weg. Aber die ganze Welt, die Michael Ende allein in den *Jim Knopf*-Bänden erfunden hat, ist bevölkert von Figuren, Orten und Wesen, die man nach der Lektüre zu kennen glaubt wie die eigene Geburtsstadt, den Hund der Nachbarin und die Buchhändlerin, bei der man seine Bücher kauft: Lummerland selbst, der König mit seinen beiden Untertanen, und natürlich Emma, die Lokomotive, der Scheinriese, Frau Mahlzahn, Li Si, der Schildnöck, Nepomuk … Alles und alle machen aus Jim Knopf ein unvergleichliches Lesevergnügen und eines der schönsten Kinderbücher überhaupt. Die beiden Jim Knopf-Bände haben insgesamt knapp fünfhundert Seiten. Viele Bilder bereichern den Text, und dank der Bilder kann man Kindern mit Leseerfahrung *Jim Knopf* schon mit fünf, spätestens aber mit sechs Jahren vorlesen. Dann sollten die meisten Kinder bereit sein, um gemeinsam mit ihrem Vater oder ihrer Mutter oder dem großen Bruder oder der großen Schwester einzutauchen in dieses wundervolle Buch, das tatsächlich voller kleiner Wunder steckt.

*Momo* – wieder so eine unverwechselbare Gestalt – und *Die unendliche Geschichte* sind natürlich auch Selbstlesebücher. Aber vor allem *Die unendliche Geschichte* eignet sich hervorragend, um vorgelesen zu werden. Mit diesem Buch kann man langsam, aber sicher den Übergang vom Vorlesen zum Selbstlesen einleiten. Es ist ein Buch, das das Selbstlesen auf unnachahmliche Art und Weise zelebriert. Letztendlich liest der Vorleser ein Buch vor über einen Jungen, der ein Buch liest, das ihn in eine andere Welt entführt. Und wieder gelingt es Michael Ende, Figuren, Orte und Wesen zu erschaffen, die einem noch lange in Erinnerung bleiben werden: die Helden Benjamin Balthasar Bux und Atréju, den Steinbeißer, natürlich den Glücksdrachen Fuchur und die verschiedenen Landschaften Fantásiens. Ich rate allerdings dringend von der Verfilmung, von der Michael Ende sich distanziert hat, ab. Sie könnte all das, was Fantasievolles im Kopf entstanden ist, zerstören.

Wer in und bei Garmisch-Partenkirchen gern wandern geht oder Ski fährt, sollte unbedingt die Michael Ende-Ausstellung[50] besuchen. Sie ist für Kinder und Erwachsene gleichermaßen interessant. Zumindest für alle Erwachsenen, die auf irgendeine Weise in ihrem Leben mit Michael Ende in Berührung gekommen sind. Und das sind vermutlich die meisten.

Es ist bedauerlich, dass Michael Ende nicht das biblische Alter von Astrid Lindgren (94) und auch Otfried Preußler (89) erreicht hat, sondern schon mit 65 Jahren gestorben ist. *Ein* großes Werk hätte er uns, also den Kindern und Vorlesern dieser Welt, gewiss noch geschenkt.

Paul Maar, dem es ebenfalls gelungen ist, eine absolut unverwechselbare, eine der verrücktesten und durchgeknalltesten Figuren überhaupt zu erschaffen, wird Ende 2017 achtzig. Und er ist immer noch fleißig.

## Paul Maar

Gern hätte ich anlässlich des Erscheinens des Sams-Bandes *Sams im Glück* im Jahr 2011 eine Rede über Paul Maar gehalten. Allerdings hat mich niemand darum gebeten. Stattdessen schrieb ich folgenden Text:

> Das Sams könnte eine Sandkastenliebe von mir sein. Es erblickte im Jahr 1973 das Licht der Welt. Ich im Jahr 1972.

---

50 Infos hier: http://www.gapa.de/download/me_broschuere_2013.pdf

Der erste Band hieß *Eine Woche voller Samstage* und umfasste (wie die folgenden drei Bände) ungefähr 160 Seiten und war damit (wie die folgenden drei Bände) viel zu kurz. Das Sams entpuppt sich gleich auf den ersten Seiten als das, was es ist: als Anarchist, als Regelbrecher, als ein Wesen, das sich nichts verbieten lässt und ständig tut, was man selbst so gern täte, weshalb man schon im ersten Kapitel des ersten Bandes seinem Charme erliegt und Herrn Taschenbier darum beneidet, dass das Sams sich ausgerechnet ihn aussucht. (Letztendlich ist das Sams die Geschichte einer umgekehrten Adoption.)

Erst 1980 kam *Am Samstag kam das Sams zurück* heraus. Ich weiß nicht mehr, ob ich das Sams vorgelesen bekommen habe oder ob das Sams Gesprächsgegenstand in der Schule war, ich weiß nur: Alle kannten und liebten es. Genauso sicher weiß ich allerdings auch, dass mich das Erscheinen der folgenden Bände nicht weiter berührt hat, denn als der dritte Band *(Neue Punkte für das Sams)* 1992 erschien, machte ich gerade mein Abitur. 1996 hieß der neue Titel *Ein Sams für Martin Taschenbier* und interessierte mich überhaupt nicht – denn ich zog gerade für ein Jahr nach Frankreich. 2002 war nicht nur das *Sams in Gefahr,* sondern vor allem auch ich: Mein Referendariat, das schlimmer werden sollte als Zivil- und Militärdienst zusammen, begann, und vielleicht wäre es ja sogar gut gewesen, hätte ich den fünften Samsband irgendwo entdeckt und gelesen und die Welt um mich herum vergessen.

Aber dann – im Jahr 2009! – stand ich in der Kinderbuchecke der Buchhandlung v. Mackensen in Wuppertal und konnte mein Glück kaum fassen. Ich ... ich ... ja, ich fühlte mich, als hätte ich gerade irgendeine verbotene Tablette eingeworfen ... denn ... da lag ein neues Sams-Buch! Es hieß *Onkel Alwin und das Sams* und umfasste wie auch die Bände 4 und 5 zweihundert Seiten. Ich begann aufgeregt zu blättern, und mein Blick fiel zunächst auf die Widmung:

Für Ute und Michael, die mich überredet haben, doch noch ein Buch vom Sams zu schreiben.

Danke, Ute und Michael!

2003 ist mein Sohn geboren worden, und aus diesem Grund hatte das Erscheinen dieses Sams-Bandes im Jahr 2009 plötzlich wieder eine Bedeutung, die ich zu dem Zeitpunkt höchstens einem neuen Roman von Murakami beigemessen hätte. Denn bis 2009 hatte ich bereits die Samsbücher 1–5 vorgelesen. Mein Sohn hat an manchen Stellen so laut gelacht, dass ich ihn »Pst!« zischend darauf hinweisen musste, dass seine Schwester schlafe. Und er hat es geliebt, das Sams. (Laut Wikipedia ein »kindähnliches Wesen mit einer Rüsselnase«, das »mehr wie ein Junge aussieht«.) Das Sams, das Wünsche erfüllt. Das tut, was es will. Das sagt, was ihm gerade einfällt. Das immer gut gelaunt ist. Das singt und reimt. Das einem immer wieder zur Seite steht. Das den Schwachen hilft und nie Aufhebens darum macht. Das anhänglich ist wie ein Hund. Das trotzdem schwer erziehbar oder eigentlich gar nicht erziehbar und dennoch selbst dann sagenhaft liebenswürdig ist, wenn es das größte Chaos anrichtet. Aber natürlich geht es nicht nur um das Sams. So wie es in richtig guten Büchern selten um eine einzige Figur geht, die die Last der Handlung allein trägt, so gehören Herr Taschenbier, Frau Taschenbier, geb. März, später ihr Sohn Martin und ihre Enkelin Betty, Herr Mon, der nur manchmal mit seiner sprachlichen Eigenart nervt und Frau Rotkohl ins Sams-Universum wie Hermine und Ron zu Harry Potter.

Mein Sohn genießt übrigens die Gnade der späten Geburt. Denn es war ja unmöglich, mit dem Sams aufzuwachsen. Allein zwischen dem ersten und zweiten Band liegen schon sieben, zwischen dem zweiten und dritten Band dann gleich zwölf (!) Jahre. Mein Sohn hatte das Glück alle fünf Bände nacheinander vorgelesen zu bekommen und dann, als er sechs war, stolz den allerneuesten Band in Händen halten zu dürfen, als wäre er für ihn geschrieben worden. Irgendwo stand, dass der sechste Band nicht der beste Sams-Band sei. Nein, natürlich nicht. Aber der sechste Band hält, was die fünf anderen Bände versprechen und unterhält auf glänzende Weise.

Das trifft auch auf den soeben erschienenen siebenten Band zu. Dieses Mal sind nur zwei Jahre vergangen. Als hätte Paul Maar, der im Dezember 74 wird, Angst davor, das Sams aus eigener Kraft nicht mehr lange am Leben zu erhalten. Aber er muss sich keine Sorgen machen. Das Sams ist längst unsterblich geworden.

Paul Maar hat die Handlung des siebenten Bandes gemeinsam mit dem Drehbuchautor Ulrich Limmer entwickelt (nächstes Jahr soll es den nächsten Sams-Film geben), aber was man zu lesen bekommt, ist nichts anderes als Paul Maar. Natürlich hat man Angst vor einem Niveaueinbruch kolossalen Ausmaßes. Aber Paul Maar gelingt das Kunststück: Er hält das Niveau! Auch der siebente Band ist ein Buch, nach dessen Lektüre all die Alltagssorgen, mit denen sich jeder Mensch mehr oder weniger herumplagt, einfach weggeblasen worden sind. Jedenfalls einen Moment lang. Die Handlung? Ach, was interessiert einen beim Sams die Handlung? Eigentlich würde es ja reichen, säßen die Taschenbiers, die inzwischen eine Großfamilie geworden sind – insofern sind die Sams-Geschichten auch eine Familiensaga – die ganze Zeit im Wohnzimmer und unterhielten sich mit dem Sams über Würstchen mit Senf (seine Lieblingsspeise), und wenn dann noch Herr Mon mit seiner Annemarie vorbeischaute, würde einem nichts fehlen. Aber Paul Maar hat sich durchaus etwas ausgedacht. Es sei nur so viel verraten: Auch das Übersams taucht wieder auf, und, nun ja, Herr Taschenbier (und später auch andere Menschen) wird selbst ein wenig zum Sams … und wie er in dieser Rolle ein Gefängnis aufmischt, ist einfach bester Paul Maar! Und natürlich gibt es wieder einige mittelschwere und schwere Katastrophen, die unter anderem dazu führen, dass Herr und Frau Taschenbier beim Psychiater landen (eine herrliche Szene), und am Ende … ach, lesen Sie gefälligst selbst.

War es das jetzt? Wird es einen achten Band geben? Nun, vielleicht schaffen es ja Ute und Michael, Paul Maar noch ein weiteres Mal zu überreden. Hoffen wir es.

Wenn eine Fee vorbeikäme und man selbst plötzlich einen Wunsch frei hätte, was würde man sich wohl wünschen? Was würde ich mir wünschen?

Vielleicht würde ich mir ja manchmal einfach bloß wünschen, dass am Montag der Postbote käme und sich mit dem Namen »Herr Mon« vorstellen würde, dass ich am Dienstag Dienst hätte, dass am Mittwoch die Wochenmitte wäre, dass es am Donnerstag gewittern und donnern würde, dass ich am Freitag frei hätte und dass am Samstag das Sams vorbeikäme …

Paul Maar ist unermüdlich. Und das Sams ist ja auch nur sein berühmtestes Buch. Während ich dieses Buch zum letzten Mal überarbeitete, erschien der achte Sams-Band *Ein Sams zu viel,* der noch darauf wartet, dass ich ihn meiner Tochter vorlese.

*Herr Bello, Lippel* und nun eine neue Figur, die der *Galimat* heißt, gehören auch zu Paul Maars Welt. Wer Paul Maar kennenlernen bzw. erleben möchte, dem sei ein Ausflug nach Leipzig zur Messe empfohlen. Dort ist er oft.

*Das Sams* vorzulesen – es eignet sich gut für Kinder ab sechs oder sieben Jahren – ist übrigens eine ganz besondere Herausforderung: Denn das Sams singt und dichtet ständig. Ich selbst kann keine Dialekte sprechen, und singen kann ich auch nicht. Aber während ich Dialekte einfach konsequent hochdeutsch vorlese, singe ich die Lieder immer. Meistens bediene ich mich der wenigen Melodien, die ich kenne (also Melodien der eher bekannten Weihnachtslieder). Mein Sohn hielt sich irgendwann die Ohren zu. Und meine Tochter runzelt immer die Stirn.

Und ich? Ich habe sagenhaft viel Spaß.

## Joanne K. Rowling

Ja, Joanne K. Rowling verdient eine Extraerwähnung an dieser Stelle. Denn sie hat es wie keine andere in den letzten Jahrzehnten geschafft, eine ganze Generation, die man schon verloren glaubte, wieder für Bücher zu begeistern. Im SPIEGEL stand dazu kürzlich Folgendes:

Mitte der Neunzigerjahre deuteten mehrere Studien […] darauf hin, dass heranwachsende Jungen und Mädchen immer weniger lesen würden. Doch etwa zur gleichen Zeit schrieb eine alleinerziehende, mittellose Lehrerin aus England einen Roman, dem sie den Titel *Harry Potter und der Stein der Weisen* gab […].

Joanne K. Rowling hat seither Millionen Jungen und Mädchen überall auf der Welt zu Leseverrückten gemacht, ihr Erfolg beweist nebenbei, dass Prognosen immer auch falsch sein können.[51]

---

51  SPIEGEL Nr. 50/2014, S. 67.

Kinder, Jugendliche, Jungs und Mädchen, Erwachsene, Männer und Frauen, darunter siebzigjährige Rentnerinnen und promovierte Wissenschaftler, konnten sich Ende der Neunziger des 20. Jahrhunderts und zu Beginn des 21. Jahrhunderts zumindest auf einen Nenner einigen: auf Harry Potter. Ich selbst las den ersten Band und verstand nicht, warum man *das* als Erwachsener lesen sollte. Ich las zu der Zeit Haruki Murakami, aber auch Bret Easton Ellis und Jonathan Franzen. Harry Potter interessierte mich nicht. Den zweiten Band brach ich ab. Nie hätte ich in jener Zeit gedacht, dass auch ich irgendwann fasziniert vom Harry-Potter-Universum sein könnte. Die Faszination begann, als ich meinem Sohn vorlas und ganz verblüfft war, wie er mit sechs Jahren auf den ersten Band reagierte. Darüber hinaus gewann ich Band für Band den Eindruck, dass sich die Harry-Potter-Saga wie keine zweite Reihe anbietet, konkret von Vätern vorgelesen zu werden. Neben dem Vorleseaufruf an die Väter habe ich daher noch einen Aufruf verfasst, in dem es erstens darum geht, weshalb Harry Potter perfekt zum Vorlesen geeignet ist und warum zweitens vor allem Väter damit ungeahnte Vorlesefreuden entdecken könnten:

Warum soll ausgerechnet Harry Potter vorgelesen werden? Nun, die Antwort ist verblüffend einfach: Weil es dafür gewichtige Gründe gibt! Fangen wir an:

Das Kind unternimmt eine lange Reise in eine gegenwärtige Welt und hat zugleich das Gefühl, in ein absolut zeitloses, handy- und computerfreies Universum namens Hogwarts gezaubert worden zu sein. Wenn man sich zu zweit auf diese Reise begibt – und die Zweisamkeit ist ja der herrlichste Grund für das Vorlesen überhaupt – wird es für das Kind und für den Vorleser nicht nur ein wundervoller Wochenendtrip nach Lummerland oder Lönneberga, sondern eine atemberaubende Weltreise werden. Denn es ist tatsächlich so, dass Harry Potter vorzulesen kein abendliches Ritual ist, das nach ein paar Wochen sein vorläufiges Ende findet; es ist ein abendliches Projekt. Die sieben Bände haben in der Hardcover-Ausgabe über 4300 Seiten. Rufus Beck hat 8216 Minuten gebraucht, um den gesamten Harry Potter einzulesen. (Das entspricht ziemlich genau 137 Stunden.)

Der Serieneffekt, der bei Fernsehserien derart gut funktioniert, dass Kinder geradezu zum Fernsehkonsum genötigt werden, funktioniert bei Harry Potter nicht nur, bei Harry Potter beginnt die Vorfreude auf die abendliche Vorlesesession bereits am Morgen. (Auch) Bücher machen also süchtig. Eine Erkenntnis, die nicht früh genug vermittelt werden kann.

Das Kind wird auf ewig jegliche Angst vor dicken Büchern verlieren. Denn eigentlich ist ja selbst *Der Orden des Phönix* mit seinen über 1000 Seiten viel zu kurz.

Wenn man es schafft, das Kind eine Zeitlang von den Filmen fernzuhalten, dann trifft auf Harry Potter in extremem Maße der überstrapazierte Slogan »Lesen ist Abenteuer im Kopf« zu: Wenn man als Erwachsener doch bloß reingucken könnte in den Kopf eines Kindes, in dem sich Elfen, Hippogreife und Werwölfe tummeln und in dem nicht Fußball, sondern Quidditch gespielt wird.

Irgendwann wird das Kind irgendwo die Filme sehen. Aber keine Sorge: Vermutlich wird es für den Rest seines Lebens Bücher den Verfilmungen vorziehen. Denn wenn man erst die Bücher gelesen hat, dann begeistern die Filme zwar durchaus – aber das Kind registriert (durchaus empört) jede Ungenauigkeit, die sich die Drehbuchautoren geleistet haben. (Achtung: Die Filme sind zum Teil erst ab zwölf, und das ist auch gut so.)

Mit Harry Potter lässt sich beim Kind ein Interesse an dem Phänomen Sprache entfachen. Man braucht bloß die Zaubersprüche gemeinsam auseinanderzunehmen, schon stößt man auf alle möglichen, vor allem aber auf lateinische Sprachwurzeln.

Harry Potter eignet sich hervorragend für eine ganz unaufdringliche erste Einführung in Komparatistik. Schließlich haben die Bedeutung von Ringen und die Besonderheit eines Tarnumhangs und auch die mit der Macht von Zwergen (= Kobolden) geschmiedeten Schwerter ihren Ursprung in den nordischen Mythen und sind eifrig verwurstet worden – u. a. von den erwähnten Astrid Lindgren und Michael Ende.

Das Kind steht am Anfang seiner Schullaufbahn? Großartig! Die Lektüre von Harry Potter führt dem Kind vor Augen, wie öde und zugleich spannend Schule sein kann.

Egal, wie sehr man sich übrigens anstrengt: So genial, wie Rufus Beck den Text liest beziehungsweise interpretiert, wird man es nicht schaffen. Das Kind wird daher gern die CDs hören und so eine Fähigkeit entwickeln, die vielen Kindern gerüchteweise nicht mehr eigen ist: Einfach mal eine Stunde zuhören und dabei still Lego bauen oder malen. Denn im Gegensatz zu den Eltern bekommt Rufus Beck keinen trockenen Mund und hört nach einer halben Stunde auf. Aber keine Sorge: Rufus Beck ist eine Ergänzung und kein Ersatz. Die Eltern, die dem Kind tagsüber ständig etwas verbieten und es anmaulen oder schlecht gelaunt sind, sind beim Vorlesen nur für das Kind da und haben gar keine Zeit zu schimpfen, zu maulen oder schlecht gelaunt zu sein – und kein Kind auf der Welt wird diesen Zustand nicht genießen.

Väter sollten übrigens gesetzlich dazu verpflichtet werden, ihren Söhnen Harry Potter vorzulesen. Dem Vater, der dem Sohn oft das Lesemuffelvorbild ist, wird es garantiert Spaß bringen, Hagrid und Voldemort und Snape und Dobby und Harry Potter selbst eine Stimme zu geben. Außerdem steckt in vermutlich achtzig Prozent aller Männer ein verhinderter Sportreporter: Nun, bei Harry Potter hat man die Chance, ein Quidditchspiel zu moderieren – und je übertriebener man moderiert, desto größer ist die Freude beim Sohn. Und dann, im sechsten Band, steht dem Vater und dem Sohn ein ganz besonderes, emotionales Erlebnis bevor: Denn der Sohn wird in Tränen ausbrechen, wenn Dumbledore stirbt. Er wird es tun! Und als Vater möchte man am liebsten selbst heulen, aber das geht ja irgendwie nicht. Also bleibt einem nichts anderes übrig, als den Sohn fest an sich zu drücken und ihm zu erzählen, wie man selbst beim Tod von Winnetou dreißig Jahre zuvor in Tränen ausgebrochen ist.

Fest steht: Durch das Harry-Potter-Vorlesen macht man aus Vorlesemuffeln Vorleser und aus Lesemuffeln Leser. Denn auch der härteste Siebenjährige wird Harry Potter ab dem vierten Band angemessen gruselig und später sogar grausam finden, und das ist für viele Jungs mit Sicherheit ein Grund, Harry Potter cool zu finden.

Kinder lesen nicht gern? Schon gar nicht Jungs? Dem kann entgegengewirkt werden. Mütter und Väter müssen sich bloß aufraffen und ihren Kindern Harry Potter vorlesen. Der Rest kommt dann von selbst.

Den Aufruf würde ich heute genauso schreiben. Die ersten Bücher, die mein Sohn wie im Rausch selbst gelesen hat, waren die Harry-Potter-Bände. Obwohl (oder gerade weil?) er sie schon kannte. Diese Bände haben aus meinem Sohn einen Vielleser gemacht.

Übrigens – aber das versteht sich hoffentlich längst von selbst – kann man dem Trend zum Nichtlesen vor allem entgegenwirken, indem man frühzeitig beginnt, erst Pixibücher und dann Astrid Lindgrens Bullerbü-Geschichten und dann ihre Lottageschichten und dann den Hotzenplotz und dann das Sams und dazwischen alle möglichen anderen Bücher vorzulesen.

Harry Potter eignet sich nicht für das frühkindliche Vorlesen und damit nicht als Vorleseeinstiegsdroge. Es gibt keine Bilder, man kann nicht gut in die Bücher reinbeißen, weil sie zu dick sind, und viele Szenen ab Band 3 sind eigentlich frühestens etwas für Achtjährige.

Das Feuer entfachen muss man vorher. Aber Harry Potter hilft dabei, dass das Feuer nicht erlischt.

## Karl May

*Der* Jungsautor schlechthin war irgendwann mal Karl May. Ich habe Karl May ebenfalls durch meinen Sohn wiederentdeckt. Es war eher ein Zufall. Auf einer Familienfreizeit in Eutin stand nicht nur Kanu-fahren auf dem Eutiner See auf dem Programm, sondern auch ein Besuch der Karl May-Festspiele in Bad Segeberg. Mein Sohn, zu dem Zeitpunkt noch nicht ganz vier Jahre alt, war begeistert. Und ich auch. Ich selbst las anschließend mehrere Bände Karl May, und dann wagte ich mein erstes Karl-May-Vorlese-Experiment.

Ich las vier Jahre nach meinem Eutiner Erweckungserlebnis mei-nem inzwischen achtjährigen Sohn einige Passagen aus *Der Ölprinz* vor. Aus einem Band also, den Karl May explizit für Jugendliche geschrieben hat. Über dieses erste Experiment schrieb ich einen Artikel für den Vorleseclub, dessen entscheidende Absätze lauteten:

Der Roman strotzt nur so vor Schwächen, die vor allem in der Dra-maturgie liegen. Ständig gerät jemand in Gefangenschaft, und es wirkt zu oft so, als habe Karl May eine weitere Gefangennahme nur hinzugefügt, um Seiten mit Text zu füllen. Bevor irgendjemand befreit wird, wird meistens belauscht, gespäht, ausgekundschaftet oder sich irgendwo angeschlichen, und selbstverständlich erfahren die Späher ausnahmslos in jedem Fall wie auf Knopfdruck alles Wissenswerte, was sie für ihre Befreiungsaktion in Erfahrung bringen müssen. Und wenn nicht rechtzeitig ausgespäht worden ist und die Siedler mitsamt Old Shatterhand und Winnetou gefesselt (!) und umzingelt von dreihundert (!!) Indianern deren Häuptling zu Füßen liegen, dann wird das Problem auf Karl May'sche Art gelöst: In dieser Szene springt der gefesselte Old Shatterhand auf, schlägt den Häuptling nieder, entreißt ihm das Messer (die Hände sind ja nur vorne und nicht am Rücken zusammengebunden) und bindet Winnetou los … mein Sohn, dem ich diese Szene vorlese, lacht und sagt: »Allein gegen dreihundert … so ein Quatsch.«

Dass Karl May den strahlenden Helden in der Regel grimmige Schurken gegenüberstellt, ist bekannt. Daher ist es nicht verwunderlich, dass sich *Der Ölprinz* wie ein Synonymwörterbuch für den Oberbegriff »Bösewicht« liest: Es wimmelt nur so von Schurken, Halunken, Räubern, Mördern, Dieben, Gurgelabschneidern, Grobianen, Gestalten von verwegenem Aussehen, Spitzbuben, Strolchen und räudigen Hunden. Und die Schurken trinken gern, viel und ausschließlich harten Alkohol. Als sich der Ölprinz einer Ranch nähert, wird er wie folgt charakterisiert: »Es kommt jemand, der der Brandyflasche auf den Boden sehen wird.« Das ist die erste Information, die wir über ihn bekommen. Kurioser wird es, als der Ölprinz nach Ankunft eine Flasche Brandy trinkt, der dümmliche Bankier seinen Branntwein mit Wasser verdünnt, während der harmlose Buchhalter nur Wasser bestellt. Je größer der Hang zum (reinen) Alkohol, desto böser der Mensch. Das ist für die heutige Lesegeneration ein bisschen *zu* plakativ.

Auch mit dem Humor ist das so eine Sache: In *Der Ölprinz* werden wir gleich mit zwei »komischen« Gestalten konfrontiert. Und der Ausdruck »konfrontiert« – laut Duden: »jemanden in die Lage bringen, dass er sich mit etwas Unangenehmem auseinandersetzen muss« – beschreibt am besten, wie es sich anfühlt, die unzähligen Passagen zu lesen, in denen der Kantor emeritus Matthäus Aurelius Hampel aus Klotzsche bei Dresden auftaucht und jeden verbessert, der ihn mit »Herr Kantor« anspricht. Das klingt dann so: »Herr Kantor emeritus, wie ich Ihnen schon hundertmal gesagt habe. Es ist nur der Vollständigkeit halber ... und bla bla bla.« Das Problem ist, dass man schnell den Eindruck gewonnen hat, er habe es nicht hundert-, sondern tausendmal gesagt. Dabei war es schon beim zweiten Mal nicht mehr komisch. Die zweite Figur, die witzig sein soll, ist Frau Rosalie Ebersbach, verwitwete Leiermüllerin, die viel redet und immer sächselt und irgendwie den Eindruck erweckt, es könnte sich bei ihr um eine Art Alice Schwarzer des Wilden Westens handeln.

Und es gibt unzählige Gründe, sich über Karl Mays hölzernen, an vielen Stellen mit einer Überdosis Pathos gewürzten Stil zu beklagen. Es ist allerdings so, dass ein jugendlicher Leser vor allem daran interessiert ist, ein spannendes Buch zu lesen. Und der erwachsene Leser weiß, dass er, wenn er Karl May liest, auch Karl May bekommt, also Geschichten aus dem Wilden Westen (oder anderen Teilen der Welt), die in atemberaubendem Tempo runtergeschrieben worden sind. Vielleicht liegt es ja an diesem manischen Herunterschreiben, dass Karl Mays Prosa den Vorzug hat, unverwechselbar zu sein. Auch in *Der Ölprinz* gibt es Karl-May-Momente, auf die man als Leser fast schon sehnsüchtig wartet. Bei diesen Momenten handelt es sich um Szenen, die kein anderer Autor so hätte schreiben können. Szenen, die in jedem anderen Roman hoffnungslos kitschig wären, die aber so unverzichtbar für einen Karl-May-Roman sind wie Zaubersprüche in einem Harry-Potter-Band.

Und diese Karl-May-Momente gehören dann auch zu den Stärken des Ölprinzen, zu den Stärken Karl Mays, denn sie sind es, die diesen Autor aller Kritik zum Trotz so einzigartig machen. Das Auftauchen der Helden ist an erster Stelle zu nennen. Old Shatterhand und Winnetou werden zwar ständig erwähnt, aber sie erscheinen erst auf Seite 240. Das Auftauchen dieser größten aller Helden im Karl-May-Kosmos könnte man sich ohne mitschwingendes Pathos gar nicht vorstellen, ja man würde es sogar vermissen. Man glaubt die Blutsbrüder zu kennen, weshalb es auch reicht, dass Karl May die Helden zunächst beschreibt, bevor er mit der Sprache herausrückt, um wen es sich eigentlich handelt. Man begeistert sich mit fast vierzig Jahren mit geradezu kindlicher Freude daran, wenn der Bärentöter und der Henrystutzen und eine Seite später die Silberbüchse erwähnt werden. Auch der Sohn schaut nach wenigen Zeilen auf – gerade ist der »prächtige Rapphengst« erwähnt worden – und seine Augen leuchten begeistert, als er ruft: »Das ist Old Shatterhand!« Winnetou und Old Shatterhand gehören zu den ultimativen Superhelden des neunzehnten Jahrhunderts. Sie sind die unbesiegbaren Ritter des Wilden Westens. Wenn Aragorn und Legolas im Wilden Westen und nicht in Mittelerde gelebt hätten, wäre Aragorn wie Old Shatterhand und Legolas wie Winnetou gewesen.

Nach diesem ersten Experiment waren meine Zweifel daran, ob Karl May geeignet zum Vorlesen ist, gewachsen. Dennoch wagte ich ein zweites, wesentlich radikaleres Karl-May-Vorlese-Experiment. Ich las mir fremden Kindern auf meiner dritten Vorlesetag-Lesung (im Jahr 2013) aus mehreren »Abenteuerklassikern«, unter anderen Karl May, vor. Die Frage, die ich mir fast schon ängstlich stellte, lautete: Ist dieser Plan nicht von vornherein zum Scheitern verurteilt? Das Ergebnis war derart erstaunlich, dass ich darüber einen ausführlichen Artikel schrieb, den das Karl-May-Magazin[52] druckte. Ich zitiere wieder nur die aussagekräftigsten Passagen:

Neben *Eragon, Der Herr der Ringe* und *Harry Potter* stand noch ein anderer Titel beziehungsweise Name auf dem Plakat, mit dem die Lesung beworben wurde. Ein Name, der allein Garant gewesen wäre, um eine Kinderbibliothek zu füllen. Der Name lautet: Winnetou!

Mein Plan war, den Kindern nicht nur zu zeigen, wovon ich mich in ihrem Alter hatte begeistern lassen, nein, ich wollte sie selbst

---

52 Auf http://www.karl-may-magazin.de/ können auch viele der älteren Ausgaben bestellt werden. Der vollständige Artikel befindet sich im Heft Nr. 136.

begeistern. Darüber hinaus sollten die Kinder Winnetou und Old Shatterhand kennenlernen. Diese Gedanken bestimmten die Textauswahl.

Welche Szenen sollte ich aber nun vorlesen? Zunächst stellte mich die Auswahl nicht vor besonders große Probleme: Bei *Eragon* entschied ich mich nach fünfzehn Sekunden dafür, den Beginn und eine weitere kurze Szene zu lesen, bei *Der Herr der Ringe* nach zehn Sekunden für einen Ausschnitt aus der Schlacht um Helms Klamm – und dass ich die Szene aus dem vierten Harry-Potter-Band wählen würde, das war sowieso klar für mich.

Aber bei *Winnetou?* Nach einigem Hin und Her entschied ich mich für den Auftritt der Helden aus *Der Ölprinz.* Ich kürzte die Szenen, hoffte aber dennoch, dass die Kinder einen ersten Eindruck sowohl von Old Shatterhand und Winnetou als auch von ihren Pferden und, noch wichtiger, von ihren Waffen bekommen würden.

Anschließend fiel meine Wahl auf mehrere der vielen Schlüsselszenen aus *Winnetou I* – in meinen Augen Karl Mays Hauptwerk: Um die Kinder mit der Geschichte vertraut zu machen, bietet sich meines Erachtens ganz generell für Karl-May-Einsteigerlesungen die zwar nicht spannende, aber aussagekräftige und emotionale Rede Intschu-Tschunas an, als er »die Bleichgesichter« auffordert, den Bau des »Eisenweges« für das »Feuerross« abzubrechen. Auch den Kampf zwischen Old Shatterhand und Winnetou sollte Kindern nicht vorenthalten werden.

Die Lesung findet in einem abgedunkelten Raum statt. Wegen der Feuermelder leuchtet künstliches Kerzenlicht. Ich sitze an einem großen, alten Tisch knapp fünfundzwanzig Kindern gegenüber. Viele kenne ich. Sie waren in den letzten Jahren auch schon da. Oder sie gehen in die Klasse meines zehnjährigen Sohnes, der eifrig Werbung gemacht hat.

Ich beginne. *Eragon* nehmen die Kinder interessiert zur Kenntnis. Vor allem die Mädchen freuen sich, als der Drache schlüpft. *Der Herr der Ringe,* sprachlich wesentlich poetischer als *Eragon,* wird auch eher angenommen.

Dann beginnt der für mich spannendste Teil. Ich beginne zu erzählen. Davon, dass ich, als ich zehn Jahre alt war, mit anderen Büchern aufgewachsen bin. Vor allem erzähle ich, dass ich nun aus Büchern vorlese, die vor allem die Großväter und Urgroßväter der Kinder kennen.

Zunächst lese ich langsam und deutlich vom Mann, der auf einem »prächtigen Rapphengst« reitet. Die Kinder sind neugierig. Kurz bevor Karl May den Namen nennt, frage ich die Kinder, ob sie den Reiter erkannt hätten. Fünf Kinder melden sich. Der älteste Junge im Publikum, ca. zwölf Jahre alt, sagt: »Winnetou ... oder ... nein ... ich meine seinen Freund ... wie heißt der noch gleich ... Old ... ja ... Old Shatterhand.« Nun nicken auch andere Kinder. Den Namen haben sie vermutlich schon mal irgendwo gehört.

Die Rede Intschu-tschunas führe ich ein, indem ich zusammenfasse, worum es bis dahin ging. Was macht Old Shatterhand überhaupt im Wilden Westen? Wer sind die Apachen? Ich erzähle von Rattler, von Klekih-Petra – und natürlich weise ich darauf hin, dass zum Zeitpunkt dieser Episode Intschu-Tschuna der Häuptling ist. Die Kinder hören zu. Jemand erzählt ihnen etwas vom Wilden Westen. Der Wilde Westen gehört nicht zu den Fantasiewelten, in die sich die Kinder im 21. Jahrhundert flüchten. Im Wilden Westen gibt es keine Zauberer, keine Magier, keine Schwerter mit Namen, keine Elben oder Elfen, keine Zwerge und Drachen, der Wilde Westen ist eine Welt, die im Vergleich zu den Schauplätzen heutiger Kinderliteratur fast schon real ist. Und genau dieser Umstand ist es, der den Texten von Karl May offensichtlich eine auch für mich überraschende Wucht verleiht. Denn als ich lese, wie Winnetou Old Shatterhand das Messer »oberhalb der Kinnlade in den Mund und durch die Zunge« sticht, reagieren die Kinder. Einige raunen. Einige fassen sich – sie tun es wirklich! – vor Entsetzen mit der Hand vor den Mund. Die Kinder sind mitgenommen. Karl May hat sie mitgenommen. Er hat sie entführt in den Wilden Westen. Die Jungs kämpfen mit. Man sieht es ihnen an, wie sie gefesselt sind. Wie sie mitfiebern. Ich habe auf solche Reaktionen gehofft. Gerechnet habe ich nicht damit.

Ich frage anschließend, ob ich noch vorlesen soll, wie Rattler gemartert wird. Die meisten nicken, einige Jungs jauchzen vor Begeisterung. Ein Mädchen ruft, dass sie sich dann die Ohren zuhalten werde. Sie lacht dabei. Aber sie meint es durchaus ernst. Denn als ich beginne und lese, wie ein Messer »durch den Muskel in den Sargdeckel fuhr«, zuckt sie zusammen. Nicht nur sie. Einige sind plötzlich recht still und gucken ängstlich. Und zwar keineswegs nur die Mädchen. Ich breche ab, bevor ein Kind in Ohnmacht fällt, und stelle fest: Karl May fasziniert noch immer. Wahrscheinlich staunen die Kinder über Karl Mays Geschichten und Helden genauso, wie ein Elfjähriger im Jahre 1894 über Harry Potter gestaunt hätte. Die Kinder lassen sich mitreißen oder schockieren, weil hier Menschen, die »echt« sind, sich übelste Verletzungen zufügen. Wie es sich anfühlt, wenn einem die Zunge durchstochen wird, das kann man sich nicht nur vorstellen, das kann man sogar regelrecht nachempfinden. Aus solchen Szenen schöpft Karl May seine Kraft.

Karl May zu lesen, wäre selbst für Kinder, die aus der heutigen Literatur ganz andere Spannungsbögen gewohnt sind, eine Herausforderung. Aber ausgewählte Passagen vorzulesen – das funktioniert!

Man sollte es tun, weil Karl Mays Helden deutsches Kulturgut sind. Und weil sie gerade in der heutigen Zeit, in der der Wilde Westen keine große Rolle mehr spielt, die Fantasie der Kinder vermutlich ebenso anregen wie die zahlreichen Fantasy-Romane, die Kinder verschlingen.

Mit Karl May, der unter den erwähnten Autoren eine Sonderstellung einnimmt, schließe ich den Reigen von Autorenporträts ab. Es gibt gewiss andere Autoren, die eine besondere Hervorhebung verdient hätten. Gleich mehrere davon gehören zu meinem persönlichen Vorlesekanon, den ich nun vorstelle.

# Mein persönlicher Vorlesekanon

Keine Sorge: Ich liste nicht alle Bücher auf, die ich irgendwann mal vorgelesen habe, sondern nur solche, die ich für unbedingt vorlesenswert halte. Zum einen weil es ungeheuer viel Spaß gebracht hat, genau diese Bücher vorzulesen. Und zum anderen, und das ist natürlich wesentlich wichtiger, weil entweder mein Sohn oder meine Tochter oder mein Sohn *und* meine Tochter faszinierte, manchmal sogar hypnotisierte Zuhörer waren. Einige Vorleseempfehlungen eignen sich bereits für anderthalbjährige Kinder, andere sollten frühestens ab acht vorgelesen werden. Allerdings kommt es natürlich immer auf das Kind an. Wofür es bereit ist, wissen vorlesende Eltern am besten. Meinem Sohn habe ich *Räuber Hotzenplotz* vorgelesen, als er vier war. Meine Tochter war bereits sechs. Eigentlich war meine Tochter im richtigen Hotzenplotz-Alter, aber da mein Sohn in Hinblick auf Altersempfehlungen immer ein wenig frühreif war und ist (*Die Tribute von Panem* hat er mit zehn Jahren gelesen, den kompletten *Herrn der Ringe* auch), habe ich bei ihm halt früher dazu gegriffen. Wer sich selbst eher als Vorleseanfänger betrachtet, kann sich nach meinen sehr groben Altersangaben richten oder nach den Altersangaben, die man auf irgendwelchen Internetseiten oder zum Beispiel im *Kilifü* findet.

Um Enttäuschungen vorzubeugen, erwähne ich schon an dieser Stelle: Auf die Bücher trifft, abgesehen von wenigen Geheimtipps, dasselbe zu wie auf die Autoren: Die meisten der von mir angepriesenen Bücher gehören zum Vorlesekanon vieler leidenschaftlicher Vorleserinnen und Vorleser! Es handelt sich zum überwiegenden Teil um (moderne) Klassiker des Genres, die sich längst durchgesetzt und auch bewährt haben. Es sind sozusagen Konsens-Vorlesebücher, die ich empfehle. Aus einem guten Grund: Ich möchte vermeiden, dass diejenigen, die weniger regelmäßig vorlesen und auf die eine oder andere Idee kommen wollen, Bücher, die im Jahr 2012 gut funktioniert haben, ärgerlich in die Ecke werfen, weil es sich bei ihnen lediglich um Zeitgeistbücher handelte, die nur für einen kurzen Moment eine große Wirkung entfaltet haben. Die Titel meines persönlichen Vorlesekanons würde ich, wenn ich die Macht dazu hätte, sofort mit einer Art Güte- beziehungsweise Garantiesiegel versehen, auf dem einfach steht: »Vorlesefreude garantiert!« Denn *alle* erwähnten Kinderbücher werden den künftigen Vorleserinnen und hoffentlich auch Vorlesern und vor allem deren Zuhörern – vor allem also den Kindern – ein wunderbares Vorleseerlebnis bescheren. Die Bücher der Autoren, die ich separat vorgestellt habe, könnten das Siegel »Lesefreude garantiert« erhalten, weil es sich zum Teil um Übergangsbücher handelt.

Die Buchhändlerinnen, Autoren, Experten oder Dauervorleser dürfen aber natürlich gern weiterlesen und ihren persönlichen, ewigen Vorlesekanon mit meinem vergleichen und sich über Gemeinsamkeiten freuen und über Versäumnisse meinerseits ärgern (und ihren Ärger gern an mir auslassen – auf meiner Homepage findet man meine jeweils aktuelle Mailadresse). Man liest ja oft auch Kritiken der Bücher, die man schon gelesen hat. Ich lese solche Kritiken sogar besonders gern, weil ich dann manchmal das recht seltsame Gefühl habe, mich mit dem Rezensenten zu unterhalten oder sogar zu streiten. (Aber sonst bin ich ziemlich normal.)

Zu den Büchern, die ich *wirklich* bis zu hundertmal vorgelesen habe, gehören auch einige Pixibücher. Das Pixibuch an sich gehört daher unbedingt zu meinem Vorlesekanon.

## Pixibücher – eine Hommage

Das Format der Pixibücher, die es schon seit 1954 gibt, würdigte ich schon im Kapitel *U-Bahn geht auch.* Das Format ist deshalb praktisch, weil man ein Pixibuch wirklich immer irgendwohin mitnehmen kann. Es passt in die Hosentasche. Sogar meistens ins Portemonnaie. Wenn man im Herbst, Winter und Frühling eine Jacke trägt, dann kann man ein Dutzend Pixibücher mitnehmen, und in einem Rucksack rauben auch zwanzig Pixibücher nicht allzu viel Platz. Zwanzig Bücher! Richtige Bücher zum Blättern! Selbst wenn drei davon doof sind, sind siebzehn andere mindestens unterhaltsam, manche auch zum Schreien komisch.

Ein weiterer konkurrenzloser Vorteil: der Preis! 95 Cent. Das kann sich jeder ab und zu leisten. Über die Jahre hinweg sammelt sich dann eine kleine Pixibuch-Bibliothek an, aus der man sich immer wieder bedienen kann. Und wenn man irgendeine Familie mit drei Kindern zum Kaffeetrinken besucht, sind drei verschiedene Pixibücher eine optimale Geschenkidee.

Bei unserer Pixibuch-Bibliothek handelt es sich um einen Schuhkarton. Darin befinden sich exakt 197 Pixibücher. Als ich begann, die Pixibücher zu sortieren, fühlte ich mich wie ein Achtzehnjähriger, der seine ersten Liebesbriefe liest. (Heute seine ersten entsprechenden Nachrichten auf Facebook.)

Es waren auch vierzehn *Conni*-Pixis darunter. Die *Conni*- und auch *Petzi*-Pixis gehörten nicht unbedingt zu meinen Vorlesefavoriten. Die »Geschichten« sind einfach zu vorhersehbar, zu brav, ohne Höhepunkte, ohne Clou, und sprachlich vollkommen uninspiriert. Aber Kinder in einem gewissen Alter brauchen offensichtlich diese extremen Heilewelt-alles-ist-und-wird-gut-Geschichten. Die Petzi-Geschichten kann man Kindern vorlesen, sobald sie geradeaus gucken können, die Conni-Geschichten funktionieren sehr gut ab drei Jahren. Die Kinder wollen sie übrigens immer wieder hören. Da muss man dann halt durch.

Wesentlich liebevoller und von den Themen her anspruchsvoller sind die auch für die ganz kleinen Zuhörer geeigneten *Mauseschlau&Bärenstark*-Geschichten, in denen eine Maus mit einem Bären allerlei erlebt. Mal bauen sie ein Haus, mal gehen sie wandern oder retten Delfine.

*Kasimir* ist ein Bär, aber auch ein Kater, der mit Leonie auf einem Bauernhof wohnt und sogar zaubern kann.

Die *Ritter-Rost*-Pixibücher funktionieren, sollte man Ritter Rost vorlesen wollen, sogar wesentlich besser als die Hardcover-Versionen mit CD, weil man diese Bücher nicht vorliest, sondern gemeinsam die CDs hört. Und das sollte man ergänzend unbedingt tun. Zum Beispiel wenn die ganze Familie gemeinsam puzzelt. Oder aufräumt. Oder für eine Urlaubsreise packt. Denn die Texte der Lieder bestechen durch intelligenten Wortwitz und da viele Melodien Ohrwurmpotenzial haben, ist Ritter Rost auch für die Erwachsenen ein purer Genuss.

Dutzende *Grimmsche* und andere *Märchen* gibt es im Pixi-Format. Für den Vorleser selbst ist es wie eine Reise in die Vergangenheit, weil viele der Märchen zwar bekannt, aber doch irgendwie in Vergessenheit geraten sind, und die Kinder … lieben sie. Unglaublich. Märchen funktionieren immer. Als sei die Zeit stehen geblieben.

Pixi-Sachbücher gibt es ebenfalls en masse. Das Thema der Reihe *Ich hab eine(n) Freund(in), die/der ist* … sind Berufe. Eine Freundin ist natürlich Buchhändlerin. In der Buchhandlung, die sie betreibt, findet übrigens auch eine Gruselnacht statt, die das erzählende Kind »viel toller als Fernsehen« findet. Den Freund, der Lokführer ist, sollte man natürlich auf jeder Zugfahrt dabeihaben.

Oft sind es aber gerade einzelne, oft kuriose, manchmal lustige oder sogar spannende Geschichten, die lange im Gedächtnis bleiben. Diese Geschichten hießen zu meiner Pixibuch-Vorlesezeit zwischen 2005 und 2013 *Die Laterne Lily, Zwei kleine Bären im Zirkus, Clown Beppo, Vater Eichhorn fällt vom Baum, Eisbäreneis, Uri, das Burggespenst, Halali, Prinzessin Horst* und *Ingo und der alte Wal*.

Viele der erwähnten Titel sind vermutlich vergriffen. Aber das ist gar nicht weiter schlimm. Denn Pixibuch-Geschichten werden immer wieder neu geschrieben. Fast alle Buchhändler führen sie.

## Bobo und andere Bücher für die ganz Kleinen[53]

Was man Babys, die gerade greifen können, vorliest, ist eigentlich egal. Damit meine ich nicht, dass man ihnen Stieg Larsson vorlesen könnte, sondern dass es nicht so sehr auf die Inhalte, sondern eher auf das Material ankommt. Wichtig sind vor allem dicke und robuste

---

53  In diesem Kapitel und den folgenden erwähne ich die für das jeweilige Alter geeigneten Werke. Die von Astrid Lindgren, Otfried Preußler, Michael Ende, Paul Maar, Joanne K. Rowling und Karl May geeigneten Titel tauchen nicht erneut auf.

Seiten. Ein unsterblicher Pappbuchklassiker mit dicken Seiten und Löchern zum Tasten ist die *Raupe Nimmersatt*. Letztendlich ist in dem Alter entscheidend, dass die Kinder Bücher erst mal überhaupt kennenlernen und beginnen, einen Bezug dazu aufzubauen.

Mit zwei Jahren kann man dann beginnen, Geschichten vorzulesen. Dass in den Geschichten nicht zu viele Figuren vorkommen und die Handlung nicht allzu kompliziert sein sollte, versteht sich von selbst. Die *Wimmelbücher* von Rotraut Susanne Berner und Ali Mitgutsch sind Bücher zum Verlieben, zum Reinbeißen und zum Entdecken. Immer wieder kann man diese (und auch andere Wimmelbücher) zur Hand nehmen und sich entweder auf die gemeinsame Suche nach verrückten Details begeben oder, wenn das Kind bereits Zusammenhänge erfasst, einzelne Figuren Seite für Seite begleiten. Der Vorleser liest nicht wirklich vor, sondern er erzählt.

Eine der ersten Familien, die meine Kinder neben ihrer eigenen kennenlernen durften, war die Familie Siebenschläfer. *Bobo Siebenschläfer* von Markus Ostwalder – es gibt mehrere Bände – ist fast schon ein moderner Klassiker. Seltsamerweise findet man diese Bärenfamilie auch als Vorleser ganz entzückend, zumal durchaus Identifikationspotenzial existiert. (In Papa Siebenschläfer, der Zeitung lesen will und so herrlich unglücklich guckt, als Bobo ihn nicht lässt, habe ich mich jedes Mal wiedererkannt.)

Ein großer, unvergesslicher Vorlesegenuss und ein Training für alles, was später kam, war die Geschichte *Vom kleinen Maulwurf, der wissen wollte, wer ihm auf den Kopf gemacht hat*. Es bringt sagenhaft viel Spaß, den Text von Werner Holzwart vorzulesen. In diesem Buch wird viel geschimpft, es geht von der ersten Seite an um Kacke, und die Illustrationen von Wolfgang Erlbruch wird man für den Rest seines Lebens vermutlich nicht mehr vergessen. Dieses Buch ist für den Vorleser ein ebenso großer Genuss wie für die kleinen Zuhörer. All diejenigen Männer, die glauben, dass Vorlesen langweilig (oder Frauensache) ist, sollten zwangsverpflichtet werden, dieses Buch wenigstens ein einziges Mal ihren eigenen Kindern vorzulesen. 99,9 % aller Vorleseskeptiker werden anschließend bekehrt sein. Und der Rest wird es sein, wenn er dieses Buch ein zweites Mal vorlesen muss.

Ein weiteres äußerst vergnügliches Highlight sind die beiden *Grüffelo*-Geschichten, geschrieben von Julia Donaldson, übersetzt von Monika Osberghaus und von Axel Scheffler illustriert. Es gibt in der Bilderbuchgeschichte wohl kaum ein liebenswürdiger aussehendes Monster als den Grüffelo.

Früh kann man bereits *Oh, wie schön ist Panama* von Janosch vorlesen. Der Verlag empfiehlt das Buch ab fünf, aber so lange muss man eigentlich nicht warten. Die Bücher um den Bär und den Tiger (also auch *Ich mach dich gesund, sagte der Bär* und *Der kleine Tiger braucht ein Fahrrad* und einige andere Titel, die allesamt lesenswert sind) sind schon Bücher mit knapp fünfzig Seiten. In *Oh, wie schön ist Panama* wird übrigens ganz unaufgeregt und subtil eine wunderschöne Botschaft transportiert, die lautet: Zu Hause ist es am schönsten! Es ist kein Wunder, dass zu meiner Studentenzeit in vielen Studenten-WGs ein Poster vom Tiger und dem kleinen Bären über dem Sofa hing. Als hätte dieses Bild die Studenten daran erinnert, dass sie neben dem WG-Zimmer auch noch ein weiteres Zuhause haben. *Oh, wie schön ist Panama* war auch der erste Kinofilm, den ich mit meinem Sohn gesehen habe. Vor allem im Vergleich zu vielen hektischen Hochgeschwindigkeitsanimationsfilmen à la *Madagascar* ist dieser Film ein langsames, das Kind nicht überforderndes Kinovergnügen.

*Oh, wie schön ist Panama* gibt es auch als Minimax-Exemplar. Bei der Minimax-Reihe handelt es sich um äußerst handliche, leicht zu verstauende, vergleichsweise günstig zu erwerbende (5,95 Euro), in der Regel wunderschön illustrierte und inhaltlich oft außergewöhnliche Kinderbücher verschiedenster bekannter (Janosch, Kirsten Boie) und weniger bekannter Autorinnen und Autoren. Besonders empfehlenswert sind die im Prolog erwähnte *Steinsuppe* von Anaïs Vaugelade, *Ich bin der Schönste im ganzen Land!* und *Ich bin der Stärkste im ganzen Land!* von Mario Ramos und die *Löwengeschichten* von Martin Baltscheit sowie alles von Helme Heine; außerdem die *Léon, der Pirat*-Bände von Christine Nöstlinger und Thomas M. Müller. Einige dieser Bände kann man ab drei Jahren und die meisten ab vier Jahren vorlesen. Aber auch fünf-, sechs- und siebenjährige Kinder lassen sich für die genannten Titel erwärmen.

Zu den bezauberndsten Bilderbüchern für Kinder ab vier Jahren gehören die *Pettersson*-Bände. Das liegt nicht so sehr an der Handlung. Oft passiert sehr wenig. Nein, das was *Pettersson* so außergewöhnlich macht, sind die Illustrationen vom Autor Sven Nordquist selbst: Nachdem man eine Seite vorgelesen hat, kann man sich die Bilder noch lange gemeinsam anschauen und sich mit dem Kind auf die Suche nach den unzähligen Verrücktheiten begeben, die Nordquist auf jeder Seite versteckt hat. In *Pettersson zeltet* staunt man zum Beispiel über eine Ameise, die Wagen auf Schienen zieht und über Schnecken, die kein Schneckenhaus, sondern ein Schneckenzelt mit sich herumtragen. Nordquists Nicht-Pettersson-Band *Wo ist meine Schwester* treibt es auf die Spitze: Wenig Text, dafür Landschaften, in denen die Naturgesetze auf den Kopf gestellt zu sein scheinen.

Neben der *Pettersson*-Reihe konnte ich ab vier Jahren auch die ebenfalls schwedische *Willi Wiberg*-Reihe immer wieder vorlesen. Willi Wiberg ist sechs oder manchmal auch sieben Jahre alt und wächst mit seinem Vater auf. Das Besondere an Willi Wiberg ist, dass es sich bei ihm einerseits um einen ganz normalen Jungen handelt, andererseits lebt dieser Junge in einer Art Sozialsiedlung, in der es oft rau zugeht. Wie es der Autorin Gunilla Bergström trotzdem gelingt, diese Geschichten mit unglaublicher Leichtigkeit zu erzählen, ist meisterhaft, und auch die eigenwilligen Illustrationen sorgen dafür, dass *Willi Wiberg* sich von vielen anderen Alltagsgeschichten über sechs- oder siebenjährige Kinder abhebt.

## Vorlesefutter für Kinder ab fünf

Im letzten Kindergartenjahr bieten sich quasi alle Geschichten an, in denen es um Kinder geht, die eingeschult werden. Um Kinder, die ein wenig Angst haben vor dem ersten Schultag, die am ersten Schultag Überraschendes oder einen klassischen ersten Schultag erleben, die neue Freunde finden, usw. *Keine Angst, Willi Wiberg* ist zum Beispiel ein Buch aus der *Willi Wiberg*-Reihe, das man nicht unbedingt einem vierjährigen, sondern eher einem fünf- oder sechsjährigen Kind immer wieder vorlesen kann.

Reihen, die dem Kind gefallen, sind auch in diesem Alter eine gute Wahl. Denn sobald man den Geschmack des Kindes getroffen hat, freut es sich immer auf das nächste Buch dieser Reihe. Die *Drache Kokosnuss*-Reihe gefällt zum Beispiel fast allen Kindern. Nach jedem *Kokosnuss*-Band kann und sollte man ruhig etwas anderes lesen. Gern auch fünf andere Bücher. Aber sollte das Kind von einem Buch enttäuscht sein und Lesen bzw. Vorlesen deshalb plötzlich doof finden, dann greift man halt wieder zu einem *Kokosnuss*-Band, und schon hat das Kind wieder Lust auf Bücher und kann die nächste Vorleseeinheit kaum mehr erwarten. (Der Drache Kokosnuss kommt übrigens auch irgendwann in die Schule.) Die Altersangabe wird oft mit »ab sechs« angegeben, aber Kokosnuss geht vor allem wegen der Bilder mit den ins Auge springenden Farben mit Sicherheit schon früher.

Kirsten Boie hat gleich mehrere Bücher für das frühe Grundschulalter im Repertoire. *Wir Kinder aus dem Mövenweg* (illustriert von Karin Engelking) ist eine Art modernes, deutsches Bullerbü und funktioniert genauso prächtig. Die jungen Heldinnen Tara (die Erzählerin), Tieneke, Fritzi, Jul, Laurin und Vincent mitsamt der zum Teil auch verschrobenen erwachsenen Nachbarn (Familie Voisin) kann man mehrere Bände lang begleiten. Ab der ersten Klasse bieten sich auch *Ritter Trenk* und *Seeräubermoses* (illustriert von Barbara Scholz), also kleine männliche Helden, zum Vorlesen an. Es gibt jeweils mehrere Bände und um den Ritter Trenk herum viel ergänzendes Material. Bei diesen Bänden handelt es sich praktischerweise um kleine Geschichtseinheiten in Kinderbuchformat. Auch die Kinderbücher von Kirsten Boie können lesebegeisterte Kinder selbst lesen. Ich sehe in ihnen aber geradezu ideale Bücher, um Kindern, die zwar schon selbst lesen können, aber noch keine Energie für längere Texte haben, vorzulesen. Zum Selbstlesen für Erst- und Zweitklässler bieten sich eher die vielen »offiziellen« Erstlesebücher mit größerer Schrift an, die Reihe um das *Magische Baumhaus* und Comics.

Ein Traum von Buch für sechs- bis siebenjährige Mädchen (und wegen der starken Vaterfigur eigentlich auch für Jungs geeignet) ist das Buch *Mein glückliches Leben* von Rose Lagercrantz, illustriert von Eva Eriksson, das Klassikerpotenzial hat. Dunne, deren Mutter gestorben ist und die deshalb nur mit ihrem Vater zusammenlebt, lernt in der ersten Klasse Ella-Frida kennen. Es ist der Beginn einer wunderbaren Freundschaft, die selbst dann nicht endet, als Ella-Frida wegzieht. Besonders erfreulich: Die beiden Folgebände halten das erzählerische Niveau. Diese Bücher kann man immer wieder vorlesen und sich auch vorlesen lassen.

Kinder mit sieben Jahren entwickeln übrigens langsam ihren eigenen Geschmack. Deshalb empfehle ich, in der Bibliothek von allen möglichen Reihen (von Ella, Nele, Liliane Susewind, Lola, Hedwig usw.) einfach mal einen Band auszuleihen. Es ist erstaunlich, dass es eine solche Vielfalt an liebevollen, witzigen und auch durchgeknallten männlichen kleinen Helden nicht gibt. Vielleicht erklärt genau das ja auch den spektakulären Erfolg von Gregs Tagebüchern. Dieser Erfolg zeigt auch: Jungs lesen!

Mit einem Geheimtipp schließe ich das Kapitel ab: *Helena und die Ratten in den Schatten* von Christoph Marzi und Monika Parciak ist düster, unheimlich, wunderbar gezeichnet und wunderbar geschrieben. Das Buch habe ich oft verschenkt und noch öfter vorgelesen.

## Übergangsbücher – zum Vorlesen und Selbstlesen

Cornelia Funke ist einer der ganz großen Stars in der internationalen Kinderbuchszene. Vor allem der *Tintenblut*-Trilogie, die noch nichts für Erst- und Zweitklässler ist, verdankt sie Weltruhm. Sie hat auch einige Bücher für Kinder ab acht oder neun Jahren geschrieben, die eigentlich klassische Übergangsbücher sind. *Drachenreiter* und *Herr der Diebe* (die offiziell ab zehn Jahren empfohlen werden) sind Selbstlesebücher, aber sie eignen sich meiner Ansicht nach auch zum Vorlesen. Anschließend kann man dann seinem Kind sagen: »Weißt du was? Diese Cornelia Funke, die hat auch ganz andere Sachen geschrieben!«

Und dann schenkt man dem Kind mit neun oder zehn Jahren – in diesem Alter hört das abendliche Vorlesen meistens ja doch auf – die *Tintenherz*-Trilogie.

Auch *Eragon* bietet sich an, um ein neun- oder zehnjähriges Kind, dem noch vorgelesen wird, in ein selbstlesendes Kind zu verzaubern. Man liest einfach den ersten Band vor und hat dann auf den zweiten Band keine Lust mehr oder fragt das Kind, ob es den zweiten Band nicht lieber selbst lesen wolle.

Ab der dritten Klasse kann man als Vorleser herumexperimentieren. Es bereitet zum Beispiel größtes Vergnügen, mit dem Kind gemeinsam Bücher auszusuchen (im Buchladen oder in der Bibliothek) oder dem Kind Bücher zu empfehlen. Ich selbst hatte zum Beispiel Lust darauf, mal wieder *Timm Thaler* zu lesen. Mein Sohn ließ sich sofort darauf ein. Ich entdeckte es auf diese Weise wieder, und für ihn war es eine Neuentdeckung. In der dritten, spätestens in der vierten Klasse sollte man als Vorleser nicht nur die gemeinsam ausgesuchten Bücher vorlesen, sondern auch beginnen, mit den Kindern über die Bücher zu sprechen.

Und später sollte man damit nicht aufhören. Wenn man sich auch nach der Vorlesezeit immer für die Bücher des nun selbst lesenden Kindes interessiert und auch mal nachfragt, dann wird es einen Pubertätsknick nicht geben. Und das Kind wird vermutlich auch als Jugendlicher und Erwachsener ein begeisterter Selbstleser bleiben. Egal, wie sehr die Eltern in den verschiedenen Phasen des Erwachsenwerdens und Erwachsenseins auch nerven, ein Gesprächsthema bleibt einem immer erhalten: Bücher!

Manchmal stelle ich mir tatsächlich vor, wie ich alt, blind und gebrechlich im Rollstuhl sitze und meine Kinder mir vorlesen. Das ist ein entsetzlich kitschiger, aber irgendwie auch rührender Gedanke.

Finde ich jedenfalls.

## Die Bücher der befragten Autoren

Natürlich habe ich nicht irgendwelche Autoren um ihre Meinung gebeten, sondern Autoren, deren Bücher ich selbst gern vorgelesen habe oder deren Bücher meine Kinder selbst gelesen haben. Letzteres trifft in erster Linie auf Alice Pantermüllers *Lotta-Leben* zu. Wenn die eigene Tochter Lotta heißt, dann bekommt sie irgendwann ein Buch mit einem solchen Titel geschenkt. Im Fall meiner Tochter handelte es sich um den Band *Lotta feiert Weihnachten* (wie die anderen *Lotta-Leben*-Bände illustriert von Daniela Kohl). Meine Tochter schnappte sich das Buch und las und las und las und blätterte manchmal auch einfach, weil die Zeichnungen und die Schrift zum genaueren Hinsehen einladen. Alice Pantermüller hat auch andere kleine Helden erfunden.[54]

Auch Daniel Napps *Achtung, hier kommt Lotta* (und Astrid Lindgrens *Lotta aus der Krachmacherstraße*) bekommt man geschenkt, wenn man Lotta heißt. Daniel Napps *Lotta* hat einen kleinen Bruder und erlebt in zum Teil längeren Geschichten spannende, nicht ganz alltägliche Abenteuer, die Kinder ab der dritten Klasse wunderbar selbst lesen können.

Daniel Napps Bär *Dr. Brumm* eignet sich wiederum nicht zum Selbstlesen, sondern die *Dr. Brumm*-Bände sind die perfekten Vorlesebücher für die ganz Kleinen. *Dr. Brumm* ist zwar nur einer unter vermutlich zweitausend Bären in der Kinderliteratur, aber dieser promovierte Bär ist besonders charmant, weil ihm ständig etwas misslingt. Und allein in *Dr. Brumm steckt fest* darf man unter anderen die Wörter SCHWAPP und SCHWUPP und KRACK und PONG und AAAAOOUUUII und PANG und PLATSCH und ZWOSCHDIPLAUTZ und HATSCHZZZ vorlesen. Das Kind freut sich jedes Mal wieder, sobald man einen dieser Ausrufe ebenfalls wie einen Ausruf liest. (Und niesen darf man auch.) Für mich gehört *Dr. Brumm* schon jetzt zu den modernen Klassikern. *Dr. Brumm* begrüßt einen auch auf Daniel Napps Homepage[55]. Wer der Meinung ist, dass das eigene Kind noch nicht reif ist für Otfried Preußlers *Der kleine Wassermann,* der kann es ja erst einmal mit dem *Der kleine Wassermann*-Bilderbuch versuchen. Illustriert hat es: Daniel Napp! Auch Christine Erbertz' mit dem Leipziger Lesekompass ausgezeichneten *Der Ursuppenprinz* hat er illustriert.

Sobald die kleinen Zuhörer und Zuhörerinnen aus dem *Dr. Brumm*-Alter rausgewachsen sind (zwei-, vor allem aber drei-

54  Mehr über sie hier: http://www.alice-pantermueller.de/
55  http://www.daniel-napp.de/

bis vierjährige und vielleicht noch fünfjährige Kinder), sollte man Tier und Buch wechseln, und zu Martin Baltscheits Löwenbüchern greifen: *Der Löwe, der nicht schreiben konnte* und *Der Löwe, der nicht zählen konnte,* beide in der Minimax-Reihe erschienen, sind Vorlesebücher für Kinder ab fünf Jahren, die garantiert allen, egal ob Mädchen oder Jungs, gefallen werden. Mehr noch: Die Kinder werden sie lieben! Martin Baltscheit ist übrigens ein Autor und Zeichner, der bereits ein umfangreiches Werk geschaffen hat.[56]

Für vorleseerfahrene Kinder könnte man nun gemeinsam *Bens Welt* von Oliver Scherz – es gibt zwei Bücher, die Annette Swoboda illustriert hat – erkunden. In den *Ben*-Geschichten geht es um den Kinderalltag, um eine Schildkröte und um erste Erfahrungen in der Schule.

Für dieses Alter ist auch *Wir sind nachher wieder da, wir müssen kurz nach Afrika,* illustriert von Barbara Scholz, eine optimale Vorleselektüre. Ich las daraus neulich während der Lesenacht an der Grundschule meiner Tochter um elf Uhr abends einer zweiten Klasse vor. Gleich zu Beginn liegen der große Bruder Joscha und die kleine Schwester Marie im Bett und können nicht einschlafen. Dann klopft jemand ans Fenster ... Das erste Ben-Buch und das Afrika-Buch wurden mit dem Leipziger Lesekompass ausgezeichnet, was sowohl für Oliver Scherz als auch für den Leipziger Lesekompass spricht. Oliver Scherz ist wie die anderen Autoren, die ich um ihre Meinung gebeten habe, sehr umtriebig. Was er gerade so treibt, findet man auf seiner Homepage.[57]

*Die Olchis* bezeichnen eine Buchreihe des Kinderbuch-Autors und Illustrators Erhard Dietl, die sich mit den gleichnamigen fiktiven, kleinen grünen Wesen beschäftigt. 1990 erschien das erste Buch von inzwischen 28 Olchi-Buch-Titeln »Die Olchis sind da« im Verlag Friedrich Oetinger. Die Olchi-Bücher erreichten in Deutschland bis 2013 insgesamt Absatzzahlen von über drei Millionen.[58]

---

56 Information auf seiner Homepage http://www.baltscheit.de/
57 http://www.oliverscherz-autor.de/
58 http://de.wikipedia.org/wiki/Die_Olchis (Abruf: Juni 2015)

*Die Olchis* spielen sogar in der Liga »Eigener-Wikipedia-Eintrag«. Das Kind kann sie auch selbst lesen. Vor allem kann es wegen der verrückten Zeichnungen wunderbar darin blättern. Der Oetinger-Verlag hat eine Seite eingerichtet,[59] aber Erhard Dietl hat auch eine eigene Homepage[60] (und es erstaunt, wie viel dieser Autor schon geschrieben und illustriert hat).

Andreas Steinhöfel ist der Erfinder zweier Jungenfiguren, die in der deutschen Gegenwartsliteratur konkurrenzlos sind. Rico und Oskar! Ein tiefbegabtes Kind ohne Helm trifft in *Rico, Oskar und die Tieferschatten* (illustriert von Peter Schössow) auf ein hochbegabtes Kind mit Helm, und gemeinsam jagen sie den ALDI-Entführer. Das alles geschieht mitten in Berlin in einer Hochhaussiedlung. Selten ist ein sozialer Brennpunkt so liebevoll, witzig und respektvoll geschildert worden wie hier. Schon das erste Kapitel *(Die Fundnudel)* lässt einen nicht mehr los. Das Buch, für das Andreas Steinhöfel mit dem deutschen Jugendliteraturpreis in der Kategorie Kinderbuch ausgezeichnet worden ist, wird inzwischen oft in fünften oder sechsten Klassen gelesen, und ich beneide die Deutschlehrer darum, dieses Buch gemeinsam mit den Schülern lesen zu dürfen. Einige der Schüler werden anschließend vermutlich freiwillig die beiden Fortsetzungen, *Rico, Oskar und das Herzgebreche* sowie *Rico, Oskar und der Diebstahlstein* lesen. Als Vorleser kann man ebenfalls so verfahren. Das erste Buch liest man noch vor und das zweite Buch schenkt man dem Kind zum Selbstlesen. Insofern gehören auch die Rico-Bände zu den perfekten Übergangsbüchern. Andreas Steinhöfel hat viele solcher Übergangsbücher geschrieben.

*Anders,* sein neuestes Werk, ist aber eher ein reines Jungenbuch über einen Jungen, der nach 263 Tagen aus dem Koma erwacht. Mein Sohn hat das Buch verschlungen und ich selbst habe mich vor allem darüber gefreut, dass er endlich mal etwas anderes gelesen hat als irgendein Buch, dessen Handlung in einem Paralleluniversum spielt.

---

59  http://www.olchis.de/
60  http://www.erhard-dietl.de/

Wie Oliver Scherz (2015) und Martin Baltscheit (2014) reiht sich auch Andreas Steinhöfel (2009) in die Liste der Preisträger der Auszeichnung »Lesekünstler des Jahres« ein.

An dieser Stelle schreibe ich noch einmal: Danke!

## Empfehlungen der Experten

Alle Experten und Expertinnen[61] haben gewiss Besseres zu tun, als Arne Ulbrichts Fragen anzugucken und dann noch darauf zu antworten. Sie haben es dennoch getan und niemand von ihnen hat darauf bestanden, zitiert oder auf andere Weise in diesem Buch erwähnt zu werden.

Die Autoren, die Autorin, die Buchhändler und Buchhändlerinnen und die anderen Experten und Expertinnen habe ich natürlich auch um ihren speziellen Vorlesetipp gebeten. Sie durften selbst entscheiden, ob sie ein Buch für ein bestimmtes Alter oder gleich mehrere Bücher für verschiedene Altersstufen empfehlen. Die Antworten sind allein deshalb spannend, weil ein Autor wie Martin Baltscheit sehr allgemeingültig und Erhard Dietl herrlich ironisch geantwortet hat. (Ich hätte wohl auch so wie Erhard Dietl geantwortet, wäre ich selbst Kinderbuchautor.)

Selbstverständlich gehören die Antworten in dieses Buch. Ich zitiere sie ungekürzt – auch Alice Pantermüllers fast schon epische Antwort –, habe in Einzelfällen nur die erwähnten Titel um die Nennung des Autors und Illustrators ergänzt. Dass sich einige Empfehlungen mit meinem Kanon decken oder einige Bücher gleich mehrfach empfohlen werden, spricht für die Bücher und zeigt, dass jeder, der auf der Suche nach geeignetem Stoff ist, sich unbedingt auf die Qualität *dieser* Bücher verlassen kann!

Zu meinem Vorgehen ein Satz vorneweg: Ich habe darum gebeten, folgenden Satz zu ergänzen:

»Ein besonders schönes Vorlesebuch für … ist, weil …«

---

61 Wer nicht weiß, wer wer genau ist, den verweise ich auf das Kapitel *Vorlesen ist … ja was denn nun?* ab S. 16.

**Und los geht es:**

Ein besonders schönes Vorlesebuch gefällt sowohl Kindern als auch Erwachsenen.

**Martin Baltscheit**

Besonders schöne Vorlesebücher sind die Romane von Astrid Lindgren wie *Mio mein Mio, Die Brüder Löwenherz* oder *Ronja Räubertochter,* weil man erstens nie mit dem Vorlesen aufhören sollte und manche schöne Momente geteilt noch mehr wert sind und man zweitens dem Kind etwas von sich selbst zeigt, da einen diese Bücher selbst als Kind schon berührt haben (hoffentlich). Falls nicht: Dringend nachholen.

**Meike Dannenberg**

Besonders schöne Vorlesebücher für fünf- bis achtjährige Kinder sind natürlich die Abenteuer der Olchis. Klar muss ich das an dieser Stelle sagen. Ich hab mir die Olchi-Familie ja ausgedacht und alle Bücher selbst geschrieben …

**Erhard Dietl**

Ein besonders schönes Vorlesebuch für sechs bis achtjährige Kinder ist *Die Muskeltiere*[62] (von Ute Krause), weil das Buch genau die richtige Mischung aus Witz und Abenteuer hat, die es braucht um den jungen Zuhörer von Anfang an zu fesseln. Das Buch ist besonders für Jungs geeignet.

**Andreas Mahr**

Ein besonders schönes Vorlesebuch für sechs- bis achtjährige Kinder ist *Pu der Bär* (Alan Alexander Milne und Ernest H. Shepard), weil es auch den Erwachsenen Spaß macht. Und das ist ja überhaupt die Grundvoraussetzung – nur wenn ich selber Freude beim Vorlesen habe, kann ich auch meine Zuhörer begeistern. Wer das Buch selber vorge-

---

62  Das Buch (inzwischen gibt es auch einen zweiten Band) ist im Jahr 2015 mit dem Leipziger Lesekompass ausgezeichnet worden.

lesen bekommen möchte, dem empfehle ich das von Harry Rowohlt gelesene Hörbuch.

**Daniel Napp**

Ein besonders schönes Vorlesebuch für vier- bis fünfjährige Kinder ist *Pippilothek*[63] (von Lorenz Pauli und Kathrin Schärer), weil diese witzige Bibliotheksgeschichte reichlich Potenzial für lebendiges Vorlesen und 1001 Anknüpfungspunkte für kreative Aktionen bietet. Außerdem: Hier wird eine pädagogische Botschaft ohne penetrant erhobenen Zeigefinger vermittelt. Und wer noch nicht das ultimative Vorlesebuch für den Einstieg bei jüngeren Grundschulkindern gefunden hat, sollte unbedingt *Latte Igel* (von Sebastian Lybeck und Karin Lechler) entdecken. Ein taufrischer Klassiker mit sehr hohem Zuhör-Sucht-Faktor!

**Christine Kranz**

Ein besonders schönes Vorlesebuch für fünfjährige Kinder ist *Pluck mit dem Kranwagen* (von Annie Schmidt und Fiep Westendorp), weil es ähnliche Qualitäten wie die Klassiker von Astrid Lindgren hat: nah an der kindlichen Welt in Erleben und Sprache, witzig und abenteuerlich und in gut vorlesbare Kapitel eingeteilt.

**Ursula Lange**

Besonders schöne Vorlesebücher für Kinder im Vorschulalter und um den Schulanfang herum sind *Die Mumins* (von Tove Jansson). Mumintal ist eine ganz eigene Welt und jede Figur für sich ist irgendwie skurril, ein wenig verschroben und sehr lieb. Die Handlung wird von den kleinen und leisen Dingen des Lebens geprägt, die aber jedes Mal überraschend, faszinierend und überaus menschlich sind. Und jedes Wesen wird kompromisslos von den Mumins akzeptiert, genauso, wie es ist ... und sei es noch so merkwürdig oder schwierig.

Für junge Schulkinder halte ich *Jim Knopf und Lukas der Lokomotivführer* (von Michael Ende) für ein großartiges Vorlesebuch. Das mag auch an meinen positiven Kindheitserinnerungen liegen, denn schon

---

63 Das Buch ist im Jahr 2012 mit dem Leipziger Lesekompass ausgezeichnet worden.

meine Mutter hat viel vorgelesen, und Jim Knopf ist mir sehr plastisch in Erinnerung geblieben.

Wie bei den Mumins findet auch bei Jim Knopf die Handlung in einer phantastischen Welt statt, in einer fremden und sehr vielschichtigen Welt, in der es ständig Neues zu entdecken gibt. Doch innerhalb beider Welten gibt es auch viel Vertrautes. Es ist in erster Linie die menschliche Komponente, die die Protagonisten kennzeichnet, in der sich der Leser (bzw. Zuhörer) wiederfindet und die ihn durch die Geschichte leitet. Es sind die Beziehungen der Figuren untereinander und die den Handlungen der Figuren zugrunde liegenden Wertvorstellungen, die Halt und Orientierung geben. Und somit kann sich der junge Leser (oder Zuhörer) in aufregende Abenteuer und neue Welten stürzen und weiß gleichzeitig, dass er nicht allein gelassen wird. Lukas wird seine Hand halten, sobald es gefährlich wird, und die Mumins werden ihm nicht von der Seite weichen.

**Alice Pantermüller**

Ein besonders schönes Vorlesebuch für alle Kinder ab drei bis vier Jahren ist *Das große Buch von Frosch und Kröte* (von Arnold Lobel), weil es einzelne Geschichten sind, denen auch schon kleinere Zuhörer folgen können und an denen man sich nicht heiser liest. Aber in erster Linie sind die Geschichten von dem Freundespaar Frosch und Kröte so schön, dass sogar die großen Geschwister noch gerne zuhören und man sich auch als Vorlesender königlich amüsiert oder von der Freundschaft der zwei gerührt ist. Und wenn die kleinen Zuhörer größer geworden sind, können sie dank der größeren Schrift mit diesem Buch das Selbstlesen üben!

**Kathrin von Papp-Riethmüller**

Besonders schöne Vorlesebücher sind für Kinder ab drei Jahren *Irgendwie anders* (von Kathryn Cave und Chris Riddell), da es eine toll gestaltete und wunderbare Geschichte über Freundschaft ist und *He duda* (von Jon Blake und Axel Scheffler), weil es durch die originelle und pfiffige Geschichte sowie die tolle Illustration sowohl den Kindern als auch dem/der Vorlesenden Spaß macht sowie *Vom kleinen Maulwurf, der wissen wollte, wer ihm auf den Kopf gemacht hat* (von Werner Holzwarth und Wolf Erlbruch), weil es spaßig und pädagogisch wertvoll ist.

Für achtjährige Kinder ist auch das Buch *Die Lieblingsgedichte der Deutschen* (von Lutz Hagestedt) geeignet, weil es dazu angetan ist, Kinder und Jugendliche früh auch für Lyrik zu begeistern. (Klassiker wie *Die Bürgschaft* von Schiller oder *John Maynard* von Fontane ziehen, spannend vorgetragen, auch schon Kinder in ihren Bann.)
**Martina Riegert & Martin Vögele**

Ein besonders schönes Vorlesebuch für fünf- bis zehnjährige Kinder sind die beiden Bücher von Michael Ende über *Jim Knopf,* weil diese Bücher spannend und lustig sind und ohne erhobenen Zeigefinger viel über die Welt erzählen.
**Heinrich Riethmüller**

Ein besonders schönes Vorlesebuch für Kinder ab zwei Jahren ist *Der kleine Bär und sein kleines Boot* (von Eva Bunting und Nancy Carpenter), weil es eine ganz einfache, einfühlsame Geschichte ist, die sowohl die Kleinsten als auch mich als Erwachsenen berührt und auf mehreren Ebenen funktioniert. Dass Kinderbücher gut verständlich und tiefgründig zugleich sind, ist für Kinderbücher meiner Meinung nach ganz wichtig.
**Oliver Scherz**

Ein besonders schönes Vorlesebuch für drei- bis vierjährige Kinder ist *Meine wunderbare Märchenwelt, die schönsten Märchen der Gebrüder Grimm,* illustriert von Barbara Bedrischka-Bös, weil hier die wundervolle, geheimnisvolle und mystische Welt der Märchen altersgerecht erzählt wird.
**Birgit Sieben-Weuthen**

Ein besonders schönes Vorlesebuch für Sechsjährige ist *Der Räuber Hotzenplotz,* weil Preußler extrem geschickt mit psychologischen Archetypen spielt, von denen Kinder sich gleich auf mehreren Ebenen angesprochen fühlen.
**Andreas Steinhöfel**

Ein besonders schönes Vorlesebuch für Kinder ab ca. sechs Jahren ist *An der Arche um Acht* (von Ulrich Hub), für Kinder ab ca. sieben Jahren

*Die Muskeltiere* von Ute Krause und für Kinder ab ca. acht Jahren *Scary Harry – Von allen guten Geistern verlassen* (von Sonja Kaiblinger)[64], weil alle drei Geschichten witzig, spannend und für Mädchen und Jungen gleichermaßen geeignet sind.

Ingrid Voigt

Das war's! Ich hoffe, dass ich Ihnen geholfen habe, viele sinnvolle Informationen und nützliche Tipps rund um das Thema Vorlesen (und Selbstlesen) zu erhalten. Wichtig war mir von Beginn an, dass es in diesem Buch nicht um die Meinung und die Empfehlungen von Arne Ulbricht geht. Denn im Vergleich zu so vielen anderen, die ich in diesem Buch zitiert habe, bin ich im Vorlesebetrieb höchstens ein wuseliger Zwerg. Die Riesen sind die anderen.

Ich habe übrigens eine Schwäche für Prologe, Epiloge, Vor- und Nachworte, also für das ganze Beiwerk, das den eigentlichen Text einrahmt. Ich habe sogar eine Schwäche für Fußnoten[65], sofern sie nicht nur dazu dienen, eine Quelle anzugeben. Denn in Prologen, Epilogen, Vor- und Nachworten und auch Fußnoten steht oft das drin, was der Autor unbedingt loswerden möchte, das aber nirgendwo passt.

Ich zum Beispiel wollte schon immer mal loswerden, warum ich nicht nur ein begeisterter Vorleser bin – das wissen jetzt hoffentlich alle, die es bis hierhin geschafft haben –, sondern warum ich mir ein Leben ohne das Lesen und Hören von Romanen und Erzählungen nicht mehr vorstellen kann.

Und in dieses Buch passt eine solche Beichte. Wen interessiert, weshalb ich das geworden bin, was man ein bisschen dämlich als Leseratte bezeichnet, der darf gern den Epilog lesen.

Andernfalls können Sie das Buch jetzt zuklappen und weiterempfehlen.

---

64  Dieses Buch ist im Jahr 2014 mit dem Leipziger Lesekompass ausgezeichnet worden.
65  Deshalb bin ich auch ein großer Fan des Megaromans *Unendlicher Spaß* von David Foster-Wallace. Das, was er in seinen Fußnoten »erzählt«, ist oft herrlich absurd.

# Epilog: Leseerinnerungen

Wer niemals ganze Nachmittage lang mit glühenden Ohren und verstrubbeltem Haar über einem Buch saß und las und las und die Welt um sich herum vergaß, nicht mehr merkte, dass er hungrig wurde oder fror – Wer niemals heimlich beim Schein einer Taschenlampe unter der Bettdecke gelesen hat, weil Vater oder Mutter oder sonst irgendeine besorgte Person einem das Licht ausknipste mit der gut gemeinten Begründung, man müsse jetzt schlafen, da man doch morgen so früh aus den Federn sollte –

Wer niemals offen oder im Geheimen bitterliche Tränen vergossen hat, weil eine wunderbare Geschichte zu Ende ging und man Abschied nehmen musste von den Gestalten, mit denen man gemeinsam so viele Abenteuer erlebt hatte, die man liebte und bewunderte, um die man gebangt und für die man gehofft hatte und ohne deren Gesellschaft einem das Leben leer und sinnlos schien –

Wer nichts von alledem aus eigener Erfahrung kennt, nun, der wird wahrscheinlich nicht begreifen können, was Bastian jetzt tat.

Er starrte auf den Titel des Buches und ihm wurde abwechselnd heiß und kalt. Das genau war es, wovon er schon so oft geträumt und was er sich, seit er von seiner Leidenschaft befallen war, gewünscht hatte: Eine Geschichte, die niemals zu Ende ging! Das Buch aller Bücher!

So zauberhaft wie Michael Ende in *Die unendliche Geschichte* hat niemand vor und nach ihm über die Magie von Büchern und Geschichten geschrieben. Darüber, wie Bücher einen aufsaugen und in irgendwelche weit entfernte Welten entführen können. Welten, die einem erst einmal ganz allein gehören. Die man dann aber – und zwar

immer wieder – mit allen teilen kann, die in dieselbe Welt einge-
taucht sind. Lesen ganzer Bücher ist ein vollkommen konkurrenz-
loses Vergnügen: Das Vergnügen, ganze Welten so zu sehen, wie es
die eigene Fantasie zulässt, gibt es auf diesem Niveau nirgendwo
sonst. Denn in vielen Millionen Köpfen entstanden zunächst viele
Millionen Voldemorts, bevor die Filme den Büchern ein wenig ihrer
ursprünglichen Kraft raubten. Und wie sah Winnetou wohl in den
Köpfen der vielen Millionen Jugendlichen aus, bevor Pierre Brice in
den Köpfen Winnetou wurde?

Mir selbst wurde als Kind vom Vater vorgelesen. Meine Mutter
war zu Hause, der Vater, Richter, war tagsüber arbeiten. Die Rol-
lenverteilung war so wie beim kleinen Nick. Aber vorgelesen hat er.
Vielleicht hat es mich ja mehr geprägt, als ich je vermutet hätte, dass
mein Vater vorgelesen hat. Allerdings kann ich mich daran kaum
erinnern, weil er aufgehört hat, als ich selbst lesen konnte, weil ich,
wie er mir im Zusammenhang mit diesem Buch mitteilte, »sofort viel
selbst gelesen« hätte. Er hat erzählt, dass es bei uns oft so gewesen sei:

Ihr (mein drei Jahre älterer Bruder und ich) habt geduscht,
anschließend habt ihr euch rechts und links neben mich aufs
Sofa gesetzt, und dann habe ich euch vorgelesen. Zum Beispiel
aus dem Hotzenplotz. Anschließend seid ihr ins Bett gegangen.

Im Sommer seien wir allerdings immer draußen gewesen, hat er
erzählt, und seien dann abends oft müde gewesen. Kein Wunder.
Wir wohnten in einem Kieler Vorort dreihundert Meter vom Strand
entfernt. Alle Kinder sind viel rausgegangen und wären nie auf die
Idee gekommen, dass es etwas Schöneres geben könnte.

Als ich begann, selbst zu lesen, las ich neben den lustigen Taschen-
büchern, die ich gerade wieder entdecke, unzählige TKKG-Bände.
Erzählerisch sind diese Bände von bescheidener Qualität, und die
Figurenzeichnung orientiert sich an Karl May: Tarzan gewinnt
immer und ist immer gut, die Bösen erkennt man oft daran, dass
sie rauchen oder Bier trinken. Aber ich habe diese Bücher geliebt
und abends heimlich gelesen. Eins nach dem anderen. Daran, wie

und wo ich den Band *Angst in der 9a* gelesen habe, erinnere ich mich noch heute: Ich lag in meinem Kinderzimmer abends im Bett und las auf der Seite liegend, den Kopf auf die eine Hand so lange gestützt, bis die Hand eingeschlafen war und ich die einzelnen Finger nicht mehr bewegen konnte. Mit der anderen Hand blätterte ich. Als meine Eltern sagten, ich solle das Licht ausmachen, gehorchte ich, öffnete aber den Vorhang. Es muss Ende Juni gewesen sein, denn ich las noch sehr lange. So lange, bis meine Augen die Schrift nicht mehr entziffern konnten. Dieser Abend ist der erste Leserausch, an den ich mich erinnere. Ich war Tarzan (wer sonst???), während ich las. Die TKKG-Bücher waren mein Lesefutter, das ich gierig verschlang. Und natürlich wollte ich zwischendurch unbedingt im Internat leben. Wie Tarzan und Klößchen. Dass es sich bei diesen Bänden um literarisches Fastfood handelte, war mir egal. Hauptsache, ich konnte mich mit den Helden identifizieren, und Tarzan war ein klassischer Held. Fremde Welten entdeckte ich erst mit dem Autor, der nun folgte und mich fesselte, und das war: Jules Verne!

Gekürzte Jules Verne-Bände haben mich, als ich keine Lust mehr auf TKKG hatte, zum ersten Mal in ferne Welten geführt. *In achtzig Tagen um die Welt* war für mich zum Beispiel nichts weniger als eine Reise durch den Wilden Westen und durch Indien und über den Ozean … das war der reine Wahnsinn. *Reise zum Mittelpunkt der Erde* … allein die Vorstellung, die man davon vor Beginn der Lektüre hatte, war schlicht atemberaubend, und später wäre man ja zu gern mit in den Vulkan gestiegen. Mit *Der Kurier des Zaren* reiste ich durch die Weiten des russischen Reichs, mit Ned Land und Kapitän Nemo erkundete ich den Ozean, und zwar gleich *20000 Meilen unter dem Meer*. *Die geheimnisvolle Insel* war wirklich derart geheimnisvoll, dass ich während der Lektüre davon träumte, diese Insel irgendwann mal zu finden, und in *Fünf Wochen im Ballon* wollte man am liebsten mitfliegen.

Dann interessierte ich mich plötzlich mehr für Mord und Totschlag und las einen Krimi nach dem anderen. Agatha Christie, aber vor allem Edgar Wallace, der für seine reißerisch und nicht besonders intelligent geschriebenen Krimis Titel wählte, die derart spannend klangen – *Die toten Augen von London, Der Grüne Bogenschütze, Der Frosch mit der Maske, Der Hexer, Die Tür mit den sieben Schlössern* usw. – dass ich Edgar Wallace einfach lesen musste.

Ich habe überall gelesen. Besonders gut erinnere ich mich an die Sommer, wenn es an der Nordsee mal wieder regnete und ich in Morsum in einem gemieteten Ferienhaus oft auf einem braunen Sessel saß und stundenlang las. Der Regen plätscherte ans Fenster, und ich freute mich über den Regen, weil ich an Regentagen besonders viel Zeit hatte zu lesen. Und wenn mir der Lesestoff ausging, ging ich, während meine Eltern und mein Bruder am Strand lagen, allein in Westerland in einen Buchladen und sorgte für Nachschub. Dort wurde mir irgendwann auch Stephen King empfohlen, und die Krimiphase, die mich nie wieder einholen sollte, wurde von einer kurzen, aber heftigen Stephen-King-Phase abgelöst. *Das Feuerkind, Cujo,* aber auch *ES* und andere umfangreiche Werke von Stephen King las ich vor der Pubertät. Dass es definitiv vor der Pubertät war, weiß ich heute noch, weil bei Stephen King ständig irgendwelche Leute onanieren, und ich mich stets fragte, was das solle und diese Seiten verwirrt überflog.

Etwas später las ich ein Buch, das ich dann immer wieder las und das mich auf eine Art und Weise fesselte, wie mich später nie wieder ein Buch fesseln sollte. Es wurde das prägendste Buch meiner Jugend. Ich, der Richtersohn, der im Bungalow wohnte und dem es an nichts fehlte und dessen Mutter zu Hause war und sich um mich kümmerte, wenn ich mal krank war, las mit vierzehn *Wir Kinder vom Bahnhof Zoo.* Ich lernte durch dieses Buch eine Welt kennen, die so gar nichts mit meinem eigenen Leben zu tun hatte, in der es aber um Kinder und Jugendliche ging, die ebenfalls in Deutschland lebten und die so alt waren wie ich. Ich war … auf düstere Art und Weise fasziniert. Noch heute lese ich meinen Schülern immer wieder aus diesem Buch vor. Wer nicht weiß, welches Buch er seinem dreizehn- oder vierzehnjährigen Kind schenken soll, das nicht besonders gern liest, der sollte es mit *Wir Kinder vom Bahnhof Zoo* versuchen.

Dann kam der Pubertätsknick und ich las vor allem Bücher, die ich in der Schule lesen musste. Immerhin: Bücher, die wir im Französisch-Leistungskurs lasen, las ich mit Begeisterung.

Anschließend holte ich nach. Aber das ist eine andere Geschichte, denn was ich als Erwachsener gelesen habe, gehört nicht mehr in dieses Buch. Was ich erzählen wollte, war, warum ich ein Vielleser geworden bin. Es lag wohl daran, dass mir vorgelesen wurde. Und vielleicht auch daran, dass meine Eltern im Wohnzimmer viele Regalmeter Bücher stehen hatten und beide selbst gelesen haben. Und es war bestimmt eine gute Entscheidung meiner damaligen Lehrerin an der Grundschule, einen Kinderbuchautor einzuladen. Und natürlich lag es daran, dass ich mich in die Bücher ziehen ließ.

Daran hat sich bis heute nichts geändert, und ich denke, daran wird sich auch nichts mehr ändern. Im Sommer 2015 las ich alles über und vom französischen Autor Guy de Maupassant (1850–1893). Seine Bücher sind faszinierend. Und sein Leben ist faszinierend. Und weil Maupassant, den ich zum ersten Mal als Schüler im Französisch-LK lesen durfte, meiner Ansicht nach in Deutschland mehr gelesen werden sollte, überlege ich, ob ich nicht irgendetwas über ihn schreiben sollte. Aber sollte ich es doch nicht tun, so werde ich die Lektüre nie bereuen, denn das Versinken in seinem Leben und Werk war ein geradezu ungeheurer Genuss. Jeden Abend – meistens lese ich die letzte Stunde, bevor ich ins Bett gehe (und trinke zwei, manchmal auch drei Gläser Rotwein dazu) – verabschiedete ich mich von Deutschland und der Welt des 21. Jahrhunderts und reiste ins Paris oder in die Normandie des 19. Jahrhunderts und traf mich dort mit den Autoren Emile Zola und Flaubert, die in Maupassants Leben eine überragende Rolle spielten.

Als im Herbst 2015 jedoch der neue Roman von Jonathan Franzen erschien, machte ich eine Pause von Maupassant. Ich zelebrierte an jenem Abend, als ich *Unschuld* aufschlug, das Lesen noch mehr, als ich es eh schon tue. Mir ging es wie Benjamin in *Die unendliche Geschichte*, bevor er *Die unendliche Geschichte* selbst zu lesen beginnt. Auch ich war »in feierlicher Stimmung«, ich hatte es mir gemütlich gemacht und mich »zurechtgesetzt«, und erst dann begann ich, den neuen Roman von Jonathan Franzen zu lesen.

Ich glaube, dass mein Leben um tausend Geschichten, Abenteuer und Erlebnisse ärmer wäre, würde ich nicht so viel lesen. Ein Leben ohne Bücher kann ich mir längst nicht mehr vorstellen.

Und ich glaube fest daran, dass das Lesen von vielen vor allem jungen Menschen in den nächsten Jahren neu entdeckt werden wird. Denn es wird eine Gegenbewegung zum momentanen Erreichbarkeitswahnsinn in unserer Hochgeschwindigkeitsgesellschaft geben.

Man wird beginnen, sich nach Ruhe zu sehnen. Nach einer Tätigkeit, für die man Zeit und Geduld braucht, um sich von der alltäglichen Hektik zu erholen. Man wird sich auch danach sehnen – viele tun es jetzt schon – sich wenigstens einmal am Tag länger mit einem Gegenstand zu beschäftigen, der nicht piept oder flimmert und dessen Akku nicht plötzlich leer ist.

Bücher sind solche Gegenstände.
Lesen ist die dazugehörige Tätigkeit.
Und das Vorlesen ist der Anfang.

# Die Empfehlungen aus diesem Buch – Zusammenfassung

Wann man welches Buch welchem Kind mit Gewinn vorlesen kann, hängt extrem vom Kind ab. Meinen Sohn hätte ich heillos unterfordert, hätte ich ihm *Jim Knopf* erst mit Sieben vorgelesen. Da waren wir bereits im fünften Teil der Harry-Potter-Saga. Meine Tochter ist hingegen vollkommen normal und hat sich *Jim Knopf* mit Begeisterung mit Sieben vorlesen lassen. Kinder sind unterschiedlich, und deshalb ist meine Einteilung natürlich auch nicht als verbindlich anzusehen, sondern nur als Empfehlung. Herumexperimentieren muss jeder Vorleser selbst. Aber keine Sorge: Gerade das bringt Spaß und ist nie langweilig. So lernt man die Vorlieben des eigenen Kindes am besten kennen. Genauer äußere ich mich zu den einzelnen Titeln in den entsprechenden Kapiteln.

## Bobo und andere Bücher für die ganz Kleinen …

- alles aus Holz und Pappe, zum Beispiel der Klassiker schlechthin: *Die Raupe Nimmersatt* von Eric Carle
- *Bobo Siebenschläfer* von Markus Ostwalder
- *Der kleine Bär und sein kleines Boot* von Eva Bunting und Nancy Carpenter (Illus.)
- Wimmelbücher, zum Beispiel von Rotraut Susanne Berner und Ali Mitgutsch

## … und für Kinder zwischen drei und fünf

- *Das große Buch von Frosch und Kröte* von Arnold Lobel
- die *Dr. Brumm*-Geschichten von Daniel Napp

- die *Grüffelo*-Geschichten von Julia Donaldson, übersetzt von Axel Scheffler
- *He duda* von Jon Blake und Axel Scheffler (Illus.)
- *Ich bin der Schönste im ganzen Land!* und *Ich bin der Stärkste im ganzen Land!* von Mario Ramos und Markus Weber (Illus.)
- *Irgendwie anders* von Kathryn Cave und Chris Riddell (Illus.)
- die *Léon, der Pirat*-Bände von Christine Nöstlinger und Thomas M. Müller (Illus.)
- die *Löwengeschichten* von Martin Baltscheit
- *Meine wunderbare Märchenwelt, die schönsten Märchen der Gebrüder Grimm,* illustriert von Barbara Bedrischka-Bös
- alles von Helme Heine, zum Beispiel *Na warte, sagte Schwarte* und *Freunde*
- *Oh, wie schön ist Panama, Ich mach dich gesund, sagte der Bär* und *Der kleine Tiger braucht ein Fahrrad* und andere Bücher von Janosch
- die *Pettersson*-Bände von Sven Nordquist
- *Pippilothek* von Lorenz Pauli und Kathrin Schärer (Illus.)
- *Vom kleinen Maulwurf, der wissen wollte, wer ihm auf den Kopf gemacht hat* von Werner Holzwart und Wolfgang Erlbruch (Illus.)
- die *Willi Wiberg*-Bände von Gunnilla Bergström
- … und die Astrid Lindgren-Bilderbücher funktionieren auch schon, sind aber eher etwas für die folgende Altersgruppe.

## Vorlesefutter für Kinder ab fünf …

- die *Ben*-Geschichten und *Wir sind nachher wieder da, wir müssen kurz nach Afrika* von Oliver Scherz, von Annette Swoboda beziehungsweise Barbara Scholz illustriert
- die Bilderbücher von Astrid Lindgren, aber auch die *Lotta*-Geschichten und *Die Kinder aus Bullerbü*
- Bücher, in denen es um das Thema »erster Schultag« geht, zum Beispiel der Band *Keine Angst, Willi Wiberg* von Gunilla Bergström
- die *Der Drache Kokosnuss*-Reihe von Ingo Siegner
- *Latte Igel* von Sebastian Lybeck und Karin Lechler

- *Die Mumins* von Tove Jansson
- *die Olchis-Reihe* von Erhard Dietl
- *Pluck mit dem Kranwagen* von Annie Schmidt und Fiep Westendorp

## ... und sobald die Kinder zur Schule gehen, vor allem ab der zweiten Klasse, ist vieles möglich (siehe auch Übergangsbücher)

- *An der Arche um Acht* von Ulrich Hub
- *Helena und die Ratten in den Schatten* von Christoph Marzi und Monika Parcik (Illus.)
- *Jim Knopf und Lukas der Lokomotivführer* von Michael Ende
- *Die Lieblingsgedichte der Deutschen* von Lutz Hagestedt
- die *Madita*-Geschichten und *Pippi Langstrumpf* von Astrid Lindgren
- *Mein glückliches Leben* von Rose Lagercrantz und Eva Eriksson (Illustrationen)
- *Die Muskeltiere* von Ute Krause
- *Pu der Bär* von Alan Alexander Milne und Ernest H. Shepard
- die *Sams*-Geschichten von Paul Maar
- *Wir Kinder aus dem Mövenweg* von Kirsten Boie und Karin Engelking (Illus.) und auch *Ritter Trenk* und *Seeräubermoses* (illustriert von Barbara Scholz)
- mit Ausnahme von *Krabat* alles von Otfried Preußler

## Übergangsbücher – zum Vorlesen und Selbstlesen

- *Achtung, hier kommt Lotta* von Daniel Napp
- *Drachenreiter, Herr der Diebe* und die *Tintenblut*-Trilogie von Cornelia Funke
- *Eragon* von Christopher Paolini
- *Harry Potter* von Joanne K. Rowling
- die *Lotta-Leben*-Bände von Alice Pantermüller und Daniela Kohl
- *Mio, mein Mio, Die Brüder Löwenherz, Ronja Räubertochter, Kalle Blomquist, Rasmus und der Landstreicher* von Astrid Lindgren

- *Momo* und *Die unendliche Geschichte* von Michael Ende
- die *Rico*-Bände von Andreas Steinhöfel und Peter Schössow (Illus.)
- *Scary Harry – Von allen guten Geistern verlassen* von Sonja Kaiblinger
- *Timm Thaler* von James Krüss
- einige Bände von Karl May, zum Vorlesen nur in Auszügen geeignet